BRAIN 脳マネジメント MANAGEMENT

脳を味方につけて
独自性と創造性を
発揮する技術

BRAIN
MANAGEMENT

Mastering brain orchestration
to unleash authentic
creativity and originality

La torche CEO
秋間早苗
Sanae Akima

クロスメディア・パブリッシング

はじめに

「このままの延長線上では、まずい！」
「これからの時代を生き抜くために、変わらなければ！」
「従来のやり方が通用しない。じゃあどうすればいい？」
「本気で何とかしようとしているのは、自分だけ？」

そんな「これまで」から「これから」に向けて、大きく変わることが求められている流れが私たちを取り巻いています。

利益や株価といった数字や、組織の大きさ、認知度を競ってきた企業の在り方も、成績や学歴といった物差しや、ちゃんとできるいい子の像が目指されてきた学校の仕組みも、いい学校やいい就職、安定したキャリアを求める個人の生き方も、このままじゃ通用しないものになって久しいのですが、「それでは、これからどうすればいいのか？」に正解を見出せず、戸惑い、難しさを感じて翻弄されてはいませんか？

「これまで」の延長線上を超えて「これから」を共に創っていくためには、どうしたらいいのか――本書では、20年以上試行錯誤する中で辿り着いた私たちのパフォーマンスを引き出す「脳マネジメント」というアプローチについてご紹介していきます。

ここでいう「パフォーマンス」とは、個人であれ、組織であれ、VUCAの中でも存在発揮することを意味します。力を注げば注ぐほど、消耗ではなく、逆により力が湧くこと、何者にも代えがたい、その存在ならではの情熱の源泉から力を駆使して、独自性や創造性を発揮することを目指していきます。そのために、誰もが持っているにもかかわらず、すべてを解明しきれておらず、探求心をくすぐってくれる「自分事」に考える余白を引き出してくれる媒体として「脳」を取り上げています。そして、より科学的であることよりも、新しい概念が物語として立ち上がりVUCAを生きる補助線となることをゴールとしています。

一方、「脳」と「マネジメント」という2つの言葉が並ぶと、

「最新の脳科学の知見が学べそう」
「効率的に生産性を上げる方法が見つかりそう」
「思い通りに自分や誰かを動かせるのかもしれない」

――といった印象や期待が生まれるかもしれません。しかし、実は、この本はいわゆる「生産性や効率性という個人や組織のパフォーマンスを上げよう！」という「脳ハック本」ではありません。従来のアプローチでは、立ち行かない現代だからこそ、ここで本書では、

少し違う切り口から、誰もが持っている「脳」という臓器を扱っていきたいと思います。

私自身は、脳や認知に関する科学者・研究者ではなく、事業開発や教育、行政など、さまざまな分野の個人・組織に対して、変革の伴走をしてきた実践者（コンサルタント）です。20年来、「これからの時代に向けた人や組織、社会の変容をいかにつくっていくか」の試行錯誤をしてきた実践者・探求者として、その歩みから編み出したアプローチをここにまとめようと筆をとりました。

元来、周囲を喜ばせたくて、求められることや期待には応えたい性分。「頑張る」のが得意で、「ここではないどこかに正解があるんじゃないか」と地元を飛び出し、「世界をよりよくする方法」を求めて、東京大学に入学しました。そこで国際協力について学び、ソーシャルビジネスについて探求していた私は「サステナビリティ」という言葉に出会います。まだSDGsという言葉も生まれていない20年ほども前のことですが、「これこそ、『これから』に必要なキーワードだ！」という強烈な直感に突き動かされて休学。この「サステナビリティ」をテーマにして世界中から実践・研究をする若者を集めた国際学生サミットや、国内の学生団体が集うサミットを主宰するに至りました。

コロナもリーマンショックもまだ起きていなかった当時は、既存の社会が大きく変わっていくなんて想像するのは難しく、「このままじゃまずい！」という危機感も、「こんな未来を一緒に創ろうじゃないか」というかけ声も、虚しく響く社会環境でした。それでも、「いかに、これからの世界を共創していけるか？」という命題に取り組むために、大学院卒業後、すぐに起業の道へ進みます。

就職も研究職も選ばなかったので、まさに正解のない、先の見えない道なき場所を模索する日々。その中でいくつかのご縁から、国内外のビジネスのみならず、行政やＮＰＯ、教育、医療など、分野を超えた領域の人々や課題と向き合う仕事をつくってきました。結果、「頑張る」アプローチの限界を経て心身を壊す経験もしましたが、２０１７年に株式会社La torcheを立ち上げてからは、結婚・出産を経ていたこともあり、より「誰もがその存在ならではの力を発揮して、次世代に価値あるものを渡すこと」に突き動かされてきました。そして、アフリカやアジアなどの新興国でのビジネス開発や、国内での社会事業化プロデュースなど、さまざまな立場の方々と携わる中、あることを痛感します。

それは、**「これまでの延長線上ではまずい！」という危機感から生まれた現場では、驚くほど似た構造の課題が横たわっていること。いかに多くの人が自分自身や他者に対して無自覚な「まなざし」を投げかけているか、それが天と地ほど、もたらす結果の質を変えてしまう、**ということでした。

たとえば――

- 「どうせ自分なんて」と、自分や人の力を蔑ろにしてしまうこと。
- 「あれがない、これがない」と、「ないもの探し」や、わかりやすい「問題」に固執してしまうこと。
- 何かが「違う」となると、反射的に「間違い」や「エラー」のように自動変換して思考停止したり、時に「なかったことに」したりしてしまうこと。

●「みんなと合わせないと」「正しくちゃんとしていないと」と、自分の個性や主体性を押し殺して消耗してしまうこと。

などなど。これらは、何気なく自分や周囲にむけた「まなざし」に起因しています。いずれも**私たちの意思や意図を超えて、脳がパワフルな「無自覚なクセ」を自動発動させた結果なのですが、これらはせっかく生まれた、「これから」に向けたあらゆる変革の芽を潰し、せっかく立ち上がった人たちの心意気をいとも簡単に削いで消耗させてしまいます。**

そこで私は、国内外のさまざまな現場で得た知見をもとに、分野横断的な話題なども重ねて、「これまで」の延長線上を超えて「これから」を共に創っていくための鍵はこの「脳のクセ」をいかに扱っていくかにある、という確信に至りました。

脳がよかれと知らず知らずのうちに働いていくこの「暴走」をマネジメントすることは、先に述べたように「脳ハック」のような単なる個人の生産性向上術ではありません。それは、個人から組織、社会にいたるまで、「これから」を一緒に創っていくための**「脳を味方につけて独自性と創造性を発揮する技術」**なのです。

多くの人は知らず知らず、自分の脳に無自覚に振り回されている状態にあるといえますが、なぜ、そんな状態に陥っているのか？　どんな弊害が引き起こされているのか？　そもそも、脳を味方につけるとはどういう状態か？　脳を自覚的に、味方につけるにはどうすればいいか？　そして、それがなぜ「これまで」の延長線上を超えて、「これから」をともに創っていく鍵となるのか？——その一つひとつを凝縮して本書に詰め込みました。

このように、本書は私のこれまでの20年以上の探求の成果であり、「これまで」の「こうあるものだ」というアプローチに対して違和感を持ってしまった人、「これから」に対して主体的に何かをつくろうとしている人たちと共に歩むための視座、補助線を提案するためにお届けする本なのです。この新しい概念を取り入れていただくために、次の構成でまとめています。

第1章　VUCAな社会に蔓延する閉塞感・あきらめ・無力感の正体

…みなさんが抱える悩みを解析し、とりまく実情や内在する課題を整理し、脳マネジメントとは何かをお話しします。

第2章　人類の進化と脳の暴走

…脳の進化の歴史から根付いた、無自覚に根付いた脳のクセとその特徴を読み解きます。

第3章　無自覚な脳を巡る7つの資質

…脳マネジメントとは何かと、その前段となる脳の7つの資質を解説します。

第４章　基本の脳マネジメント――個人が変わる
：個人レベルで実践する脳マネジメントのアプローチを紹介します。
第５章　私たちの脳マネジメント――チームや組織が変わる
：チームや組織における脳マネジメントのアプローチを紹介します。
第６章　脳マネジメントはＶＵＣＡな社会と未来を灯す松明となる
：社会のさまざまな場面における脳マネジメントの活用例をお話しします。

きっと読み進めていただくうちに、自分の「ものの見方」に変化があることを実感し、読み終えたときには、これまであきらめかけていたことさえも「できることがある」と勇気が湧いてくるはずです。
さあ、一緒に「これから」の時代を生きていくための「脳マネジメント」を探求していきましょう。

目次

第3章 無自覚な脳を巡る7つの資質……63

第4章 基本の脳マネジメント──個人が変わる……91

第5章

私たちの脳マネジメント――チームや組織が変わる

装丁：菊池 祐／DTP：マーリンクレイン／編集協力：ブランクエスト

第 1 章

VUCAな社会に蔓延する閉塞感・あきらめ・無力感の正体

あなたには今、危機感や閉塞感がありますか？

まず、私たちが直面している課題を紐解いていきます。

特に本書を届けたい、「これまで」の「こうあるものだ」というアプローチに対して違和感を持ってしまった人、そして「これから」の「こうありたい」というビジョンに対して主体的に何かをつくろうとしている人――彼ら彼女らと共に歩むために、「これまで」と「これから」の間にある私たちの現在地を振り返ってみましょう。

その点で注目すべきが、近年、そこかしこで何かにつけて使われる常套句となった「超高速で膨大なデジタル化」や「ＡＩの台頭」、「グローバル化」といった言葉です。これらはすべて、社会の変化が著しくあらゆる物事が複雑な時代となったことを示しています。

さらにコロナショック以降は、「ＶＵＣＡの時代」という概念が急速に広まりました。「Volatility（変動性）」「Uncertainty（不確実性）」「Complexity（複雑性）」「Ambiguity（曖昧性）」という4つの言葉の頭文字をとったＶＵＣＡという言葉は、簡単にいえば「将来予測が不可能な状態」「先行きが不透明で不確実な状態」。たしかに、まさに現代はそんなＶＵＣＡの時代であり、それによって「これまで」と「これから」の狭間に前代未聞の大きな変化や乖離をはらんでいます。

図1-1　「VUCA」の概念

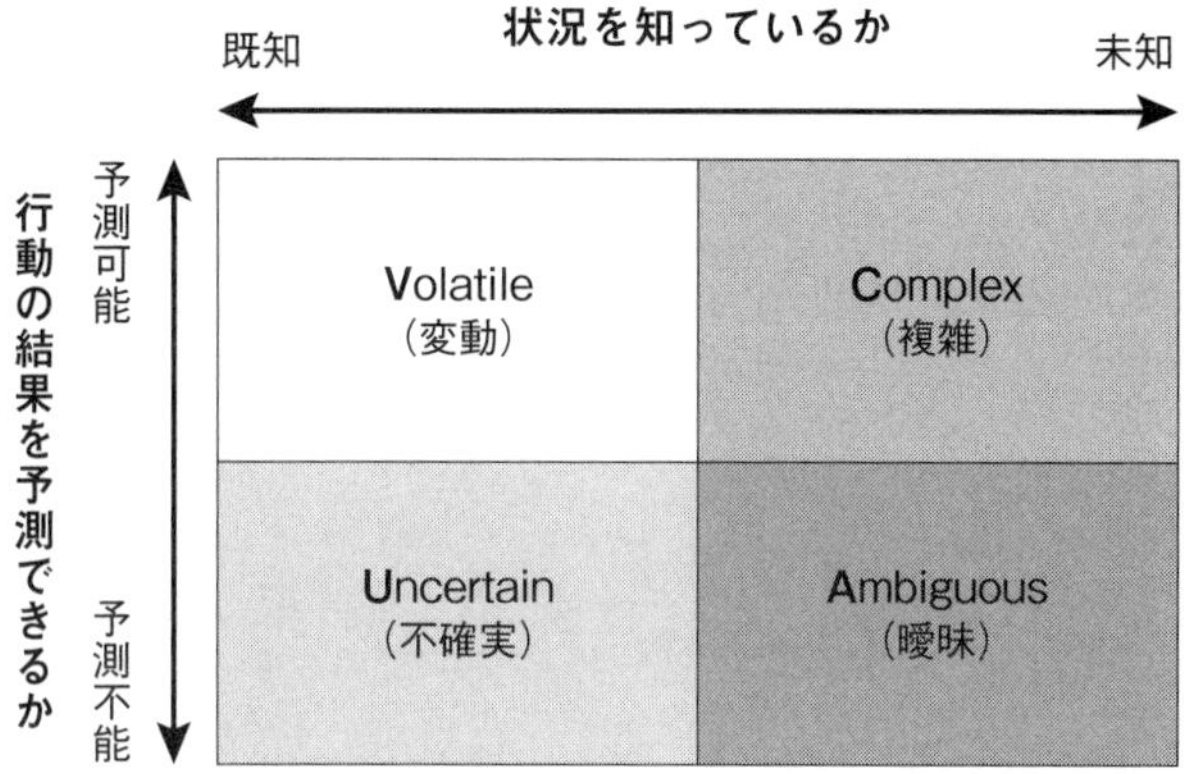

チェット リチャーズ著『OODA LOOP（ウーダループ）――次世代の最強組織に進化する意思決定スキル』をもとに作成

たとえば、ＶＵＣＡの時代を生きるあなたは、次のような状態に陥っていませんか？　当てはまるものにチェックを入れてみてください。

- □自身をとりまく現状に対し、「このままではいけない、何かを変えなければ」という焦燥感を抱いている
- □現状をよくしようと努力していても、自分ばっかりが頑張っている状態で、空回りしている
- □自分の考えが他人（相手）にうまく伝わらず、コミュニケーションに摩擦や軋轢が生じている
- □他人（相手）に対し、「どうせわかり合えない」というあきらめを感じている

□そもそも、自分が何者なのか、何がしたいのかがわからなくなることがある
□立場が違う人の間での意思決定がうまくいかず、事を進めるのが難しい、と感じている
□何をやってもうまくいかないから、結局「無難にやりすごそう」というコスパ思考に陥っている
□目の前の仕事に対してやりがいを感じられない。本当はもっとやっていることに意味を見出したい

多くの人が「このままでいいのだろうか？」「このままではまずいのではないか？」という違和感や危機感を大なり小なり感じながらも、「でも、何をどうすればいいのかわからない」という行き詰まりから、漠然とした閉塞感を覚えているようです。

また、組織や社会といった文脈では、「これまでの延長線上ではない、これからはこういう時代だ」といったように、パラダイムシフトについても多角的に示されることが増えています。ただし、「これからは議論より対話だ」「トップダウンではなくボトムアップだ」「D&I（ダイバーシティ・アンド・インクルージョン）だ」「サステナビリティだ」……などと次なる旗印やアプローチが声高に叫ばれているものの、実際に取り組んでみようとすると、名ばかりの改革に内実が伴っていなかったり、概念はあっても実装がうまくいかなかったり、といったことも多く見受けられます。

このような危機感や閉塞感、不全感は、個人の日常においても企業などの組織体制においても見られることです。社会の至るところにさまざまな「生きづらさ」が蔓延していま

す。

私は、これからの時代に必要な人・組織・社会の変容を伴走するコンサルタントとして、これまで企業、行政、教育機関、ＮＰＯなど、分野を超えて国内外のあらゆる現場を見てきました。このような悩み――いわば「これまで」と「これから」の間《はざま》で、理想と現実とのギャップに生きづらさを抱いている人にたくさん出会ってきました。

人によってこれらの危機感・閉塞感に程度の差はありますが、大多数の人が「うまくいかない」「どうしたらいいかわからない」と行き詰まり、最終的には「現実は、どうせ変わりっこない」「自分に変えられるはずはない」という無力感やあきらめに行き着いてしまうことも、決して少なくありません。

なぜ、こんな状態に陥ってしまうのか？　私が20年以上の探求と実践から行き着いたのは、私たちの脳との関係です。

そもそも私たちは、私たちのパフォーマンスを司る脳について無自覚です。その状態からいかに自覚的に脳を味方にするほうへシフトできるか――それは本書で紹介するような「脳マネジメント」の視座がないことが、隠れた大きな要因となっているのです。

ＶＵＣＡの波が大きな現代こそ、脳マネジメントはその効力を発揮します。まだ聞き慣れないであろう新しい概念である脳マネジメントについて、このあと詳しく解説していきますが、平たくいえば「自分で自分の脳を味方にする技術」。脳の働きは、あらゆる場面に大きな影響をもたらします。

しかしながら実は、多くの人が自分の脳がどんな働きをしているかについて無自覚なまま、逆に脳に振り回されている状態にあるのです。まずは、この無自覚さが、どのように私たちの生きづらさに繋がっているかを掘り下げてみましょう。

「これから」の時代、「これまで」のやり方は通用しない

この数十年間を俯瞰してみると、私たちの世界は、多くの「これまで」と「これから」を大きく二分する変遷／パラダイムシフトをくぐり抜けてきました（図1－2）。産業革命が生み出した「工業社会」から情報改革がつくり出した「知識社会」、アナログからデジタル、所有からシェアリング、「役に立つ」から「意味がある」、「物質的豊かさ」から「精神的豊かさ」など、「これまで」と「これから」それぞれの世界観を表すキーワードがたくさん生まれています。

そんな中で、ちょうどこの2つの世界観の間《はざま》の時代に生まれ合わせた私たちは、「これまで」のやり方が細胞の隅々にまで染み付いています。その「これまで」のやり方の中でも当たり前とされていた行動様式、特に「なんとかしないと！」というピンチにどんなアプローチをしてきたかを振り返ると、代表的なものとして次の3つが挙げられます。

図1-2 「これまで」から「これから」へ

これまで	これから
【思考・価値観】	**【思考・価値観】**
正解主義（予測・管理・標準化）	修正主義（試行・構想・多様性）
論理・合理性重視	感情・共感重視
役に立つ、物質的豊かさ	意味がある、精神的豊かさ
一斉教育、知識偏重	個別最適化、探究学習
【組織・リーダーシップ】	**【組織・リーダーシップ】**
ヒエラルキー、トップダウン	自律分散、ボトムアップ
コマンド&コントロール	エンパワーメント
集中化、縦割り	分散化、越境
議論、受動的コミュニケーション	対話、主体的コミュニケーション
【経済・消費】	**【経済・消費】**
工業社会、大量生産・消費	知識社会、サステナブル消費
所有志向、ブランド重視	アクセス志向、シェアリング
利益追求、経済成長	ESG、ウェルビーイング
株主資本主義	ステークホルダー資本主義
【価値創造・アプローチ】	**【価値創造・アプローチ】**
還元主義	全体論
競争原理	共創、統合化
独占、所有	協力、価値共感
デジタル化、専門化	AIと人間の協働
など	など

●「頑張ればなんとかなる！」

ただひたすら努力するというアプローチ。「時間や労力を投入すれば、その分成果があるはずだ」という線形（リニア）な考え方がベースにあります。努力していること、頑張っていることという姿勢自体が評価されやすく、そのインプットがあれば比較的アウトプットである成果として実を結びやすいという、高度経済期に代表される時代がありました。

●「正解を探そう、それに向かってやればいい」

「こうすればいい」という正解を探し、それに向かって行動するアプローチ。わかりやすい「正解」が存在していて、「誰かが正解を知っているはず」という考え方に基づいています。何をするにも「合っているかな」と気になるのも、同じ考え方に起因しており、「同じ時間や労力を投じるならば、失敗するより正解に辿り着きたい」という効率化を求める姿勢からも成り立っていたアプローチです。

●「(誰かが）やってくれるだろう」

自分ではない誰かが、何らかの意思決定やアクションをしてくれるのを期待して待つというアプローチ。先んじて動くと角が立ち、「空気が読めない」「出しゃばり」といったレッテルが貼られてしまうことへの恐れや、そもそも「面倒くさい」という気持ちからアクションするのを避けて静観する考え方がベースにあります。主体的に動かなくても、受動的な姿勢で誰かのあとをついていくだけである程度、何事も解決できてきた経験則から生まれているともいえます。

これらはいずれも「手続きが決まった作業」や「正解がある問題」に通用していた「科学的管理法」としてのアプローチに立脚してきました。しかし冒頭でも指摘した通り、さまざまなパラダイムシフトの先で私たちは正解のない、曖昧で不確実で予測不能なVUCAを前提とした世界を生きているので、「これまで」のアプローチはその土台から揺らぎ、いまや通用しなくなっているのです。

さらに、先ほど一部紹介したような「これまで」と「これから」の世界観の違いを論じ、これまでのアプローチが通用しない状況を嘆き指摘する話は、すでに山のように存在しています。加えて、『これから』はこうしたほうがいい」と、コミュニケーション論から組織論、マーケティング論に至るまで、新しいアプローチを指南する書籍や動画といったコンテンツも枚挙にいとまがない状態です。

ほか、「DX」「SX」など「X＝トランスフォーメーション」とつく言葉も溢れていますし、議論より対話、中央集権的・トップダウンより分散型フラット・ボトムアップ……などなど、「これまで」との対比から「これから」のアプローチの方向性が、さまざまな形で唱えられています。

しかし、これだけ指数関数的にも情報が溢れる中で、あなたは何らかの危機感や閉塞感を持ち、「なんとかしないと！」と思っていたり違和感を抱えたりしてはいませんか？「これまで」のアプローチがすでに通用しないとわかっていても、私たちは知らず知らずのうちに「これまで」に引きずられてしまっています。それだけではなく、『これから』のアプローチはこうだ！」といった話題をよく見聞きして知っていたとしても、それでもなお「これからじゃあどうすればいい？」と具体的に実践しようとしたときにうまくいかない、という問題にも直面しています。

この「これまで」と「これから」の間《はざま》に苦しむ構造が、至るところで繰り返されているのです。

そしてその間《はざま》で苦しむ理由こそが、私たちの脳にあります。私たちの脳には、「自動的に発動する資質・クセがある」という、誰もが免れられない生理的機能を持っているということに、今一度立ち戻らなければならないのです。

自動的に発動する「脳のクセ」とは何か

自動的に発動する私たちの「脳のクセ」とは一体何なのか？——その詳しいクセの資質については第3章で後述しますが、その前に、ご自身が無自覚にも次のような言葉をよく使っていないか、立ち止まって見直してみてください。

- 「あれがない、これがない」
- 「どうせ◯◯だから」
- 「まだ◯◯ない」
- 「しっかりやらないと」「だからもっと◯◯しないと」
- 「◯◯しなければ」
- 「◯◯するべきだ」
- 「これで合ってるかな」
- 「なんで私だけ」
- 「しかたない」
- 「嫌われたらどうしよう」
- 「間違えないようにしなきゃ」
- 「どれにすればいいのか決められない」
- 「私には関係ない」
- 「みんなと合わせないと・同じにしないと」
- 「他の人は何と言っているだろうか？」

これらは声に出す口グセだけではなく、「心の声」「脳内つぶやき」「セルフトーク」「チャッター」とも呼ばれる、口には出していない自分の内なる言葉としても現れます。心や頭の中だけで使っているために気づきづらいのですが、その影響はとてもパワフルです。私たちがどんな意識やマインドセットを持っているかも、この内なる声に反映されているのです。

これらのログセの裏側には、知らず知らずに立ち現れる「脳の資質」――「脳にクセづいた反応」があります。たとえば、

- 「具体的な変化を厭う」
- 「レッテルを貼って理解する」
- 「善し悪しのジャッジをする」
- 「他人事にしたり、なかったことにしたりする」
- 「違うことより、同じことに安心する」

――などなど、これらは誰もが無自覚のうちに持つ可能性のある、私たちの反射反応の「傾向」でもあります。


この自動発動する脳のクセが、「これまで」のやり方に私たちを引っ張っていて、「これから」のアプローチに真っ向から取り組めずにいることに繋がっています。

そもそも脳自体、ＭＲＩなど測定装置がなければどんな働きをしているかを客観的に把握することはできません。しかし、ログセやセルフトークなどを手がかりに、私たちの脳がどんな傾向を持っているか、どんなモードにあるかなどを自覚できるようになります。

脳マネジメントは、脳に手綱をつける技術

「マネジメント」というと、「管理」や「統制」、「経営」をイメージする人がほとんどだと思いますが、「management」の語源をたどると、「(野生の) 馬に手綱をつけて馴らす」という意味のラテン語の「maneggiare（マネジャーレ）」に由来しています。現に「manage to do」という英語は、一筋縄ではうまくいかない物事を「何とかする」という意味で使われますが、同じニュアンスが含まれています。

つまり脳マネジメントとは、脳を機械ではなく生き物の「馬」にたとえて、「脳に手綱をつける技術」と理解していただくとわかりやすいでしょう。

図1－3を見てください。馬に乗っているときには、私たちは手綱をしっかり握って馬を操りながら、イニシアチブを持って目標地に向かって進んでいるという、主体者としての感覚を持っていると思います。ここで「馬」を「脳」に置き換えて考えてみると、多くの人は自分の脳の手綱を握り、自分の意思の通りに脳を動かしている、あるいは脳からそう指令を出しているかのような感覚を持っています。

しかし実際には、個人差があるものの、残念ながらこのイメージ通りとは限りません。手綱を摑んではいても実は落馬していて、脳に引きずられて進んでいるという状態の人もいるのです。人によってというだけではなく、同じ人であっても手綱を握っているときと

図1-3　脳マネジメントのイメージ

私たちのイメージ

主体
：イニシアチブをとる側

脳（馬）に乗って、
自分の人生ストーリーを進んでいる状態

私たちの実際

客体
：イニシアチブをとられ
フォローする側

脳（馬）に乗っているつもりが、乗っ取られている状態
（しばしば、しかも無自覚に）

握っていないときがあるというのが現実です。

実際の乗馬であれば、落馬したらすぐに気づいて手綱を放すことができます。しかし脳の場合、脳の手綱を握って動かしていると思っていても、実は脳に引きずられているということのギャップに、なかなか気づけないという罠があります。

そんな脳に、馬の手綱を自ら握って意図した方向へ歩かせるように、手綱をつけて自ら主体的に使いこなす技術が「脳マネジメント」なのです。

脳マネジメントによって、意識とマインドセットが大きく変わる

「このままじゃまずい」「何かを変えなければ」という漠然とした危機意識が蔓延し、至るところで変革の必要性が叫ばれている昨今。実際に何かを変えるために向かって行動できる人はさほど多くはなく、いわば一部の「意識の高い人」だけであるという現場にたびたび遭遇します。

多くの「その他大勢」は、「変わらなければならないけど、どうせ何も変わらない」「どうせ、何も変えられない」と、あきらめや無力感を抱えている状態です。「何とかしたい」

と動く人に対し「余計な仕事を増やすなんて」と、冷ややかな目線を送ることも少なくありません。

この意識ギャップは、どうしたら乗り越えられるのでしょうか？

ここで考えていただきたいことがあります。それは、「これから」のアプローチの多くが、「意識を変えよう・高めよう」「マインドセットを変えよう」「主体的に当事者意識を持とう」「自分らしさを大切にしよう」、さらに『在り方』『メンタルモデル』から変えようなど、いずれも「目に見えない扱いづらいものを扱いましょう」というメッセージとともにあることです。

脳マネジメントを活用すれば、こうした掴みどころのない「意識」や「マインドセット」について、再現性を持った処し方を学びとることができます。

実は脳マネジメントとは、このように鍵となる「目に見えないもの」を扱うための技術でもあります。

たとえ先の見えない、曖昧で不確実なＶＵＣＡの時代であっても、その曖昧で不確実なものを具体的に扱うためには、自分の脳を主体的に扱うことが不可欠です。先に挙げた「このままじゃまずいけれど、どうせ自分には何もできない」「どうせ、自分には変える力がない」という無力感は、誰しも好んで身につけたものではなく、脳のクセに起因しています。個人の能力や性格にかかわらず、こうしたクセが無自覚かつ自動的に発動してしまっているのです。

あなたが本書を手に取ったということは、きっと何らかの生きづらさや閉塞感に苦しんでいても、「どうすればいいのか」「何かできることはないか」ともがいているのではないかと想像しています。しかし先に述べた通り、ＶＵＣＡの時代となった現代では、これまでと同じやり方では、そうした閉塞感や無力感を解決することはできないうえに、ＶＵＣＡを前提にした「これから」のやり方を選ぼうにも、あまりに私たちは脳に振り回された状態になっています。

だからこそ、これからの時代のサバイバルスキルとして、脳マネジメントという視座と具体的なアプローチを取り入れていただきたいのです。

本書は、あなたが現状から一歩を踏み出すきっかけになるはずです。次章からは、なぜこれまでと同じやり方では通用しないのか、その背景から、どうすれば脳に手綱をつけることができるのか、脳マネジメントの具体的な方法に至るまでくわしくお話ししていきましょう。

第2章

人類の進化と脳の暴走

なぜ、私たちは生きづらさを感じるのか

最初に質問です。あなたは、次の状態に心当たりはありませんか？　当てはまるものにチェックを入れてみてください。

□「何かを変えよう」「行動しよう」と思ったことはあるが、なかなか踏み出せない
□何事に対しても「自分にはどうにもできない」「どうせできない」とあきらめている
□自分にとってすぐに理解したり、どうしたらいいかわからないものは「難しい」と思考停止してしまう
□「本当は何がしたい？」と聞かれて、すぐに答えられない
□「そんなことを聞かれても、だって、しなければならないことがたくさんあるし……」と思ってしまう
□「こうあるものだ」という規範に外れた人を見るとイラ立つことがある
□誰かの要請に応える、あるいはどうしたらいいかが明瞭なことに取り組むのが得意
□「もっとこうしたらいいのに」と改善策が浮かぶが、他人からの目が気になって実践まで至らない
□「時間がない」「お金がない」と、いつも何かに追われている感じがある

□何事につけても、批判的な決めつけや判断を行ってしまう
□「こうすればよかった」と後悔したり、「ああなったらどうしよう」と心配したりすることが多い
□「もっと生産性を高めたい」とノウハウ本を買ったりするが、読み込んで実践するところまでいかない
□カチンと来ると反射的に無言になったり、言い返したり感情的になることがある
□最初に「いや」「でも」と言うのが口グセになっている気がする
□「いやいや、私なんて……」と謙遜する、あるいは「どうせ自分なんて……」と自分を卑下してしまう
□今のやり方が合っているかどうかが気になってしまう
□このチェックリストも、Ｙｅｓが多いほうが「悪い」のかもしれないと思った

私たちが生きている「今」は、あまりにアプローチの違う「これまで」と「これから」の間《はざま》にあって、非常に気づきづらい「生きづらさ」が蔓延しています。

「これまで」のやり方が通用しない、「これから」のやり方は理解できても実践しづらい――さらに、ただアプローチが違うというだけではなく、ＶＵＣＡという扱いづらい世界になっていること、脳の自動発動する（ときに「暴走」などとも呼べる）クセがあることによって、事態が複雑化しています。

この状況を紐解くためには、どうすればいいのか？　それには人類や脳の進化と世界の

成り立ちについて理解することが大きな助けとなります。それらは、たとえ日常とはかけ離れていたとしても、すべての土台として理解すると、本質から押さえることができます。

そこで本章では、なぜ私たちは生きづらさを感じるのか、その根幹となる人類史的視点から概観していきましょう。遠い話のように聞こえるかもしれませんが、脈々と私たちの中に流れている文脈に触れれば、「それではどうすればいいか」について新しい視座を得られるでしょう。このプロセス自体が、脳を味方にする脳マネジメントの一部なのです。

人類の進化と脳の進化

人類は遡ること約700万年前に、アフリカで誕生した祖先を持つと考えられています。以来、私たち人類は長らく狩猟採集生活を続けてきました。想像してみてください。広大な自然の中で、その日に食べる物を探し、危険な動物から身を守りながら生きる生活を。地図もない世界で、日々生き抜くために全身全霊を使って生き抜いていた時代が、何百万年も続いていたのです。

人類はまさに、先の見えない「VUCAな環境」を生き抜いてきたといえます。人類はそんな環境下でさまざまな能力を開発し、長い時間をかけて培ってきました。たとえば、次のような能力です。

- 素早い危険観察知能力：身に迫ることをいち早く感じる
- 柔軟な問題解決力：新しい環境でも臨機応変に対応する
- 強力なパターン認識能力：過去の経験を現状に踏まえる

こうしたサバイバル能力が、私たちを現代まで生きながらえさせてきたといえるでしょう。

人類の歴史において大きな転換点が訪れたのは、今からおよそ1万2000年前のことです。このときに人類は農耕を始め、定住生活に移行していきました。約700万年という人類史を考えればほんの最近のことです。

農耕時代の生活は、干ばつや洪水などの自然災害が起こることがあるとはいえ、狩猟採集生活と比べれば圧倒的に安定していました。これは人類が確実性の高い暮らしへと移行したひとつの契機となりました。この変化が人類社会にもたらした影響ははかりしれません。

それまでの「その日暮らし」の狩猟採集生活から、計画的に食料を生産し、貯蔵できる生活へ――農耕社会の誕生により、人類ははじめて将来の見通しがきく「非VUCA」な環境を手に入れたのです。特に次の変化は、人類社会に大きな進歩をもたらしました。

- 生産の予測可能性：種があれば、収穫の時期がある程度予測できる
- 定住による安定した生活：食料を求めて移動する必要がなくなる

●集団生活が生み出す新たな秩序：協力して農作業を行い、村や都市を形成する

文明の発達、文化の創造、科学技術の進歩など、私たちの社会の基盤はこの時期にあったといって過言ではありません。この簡単な人類史を振り返っただけでも、私たちが比較的安定した生活を送っていたのは、700万年のうちわずか1万2000年ほどにすぎないことがわかります。

この期間は人類史では極めて例外的な期間であり、人類が誕生してから99％以上の期間は、不確実で曖昧なＶＵＣＡの世界を生き抜いてきました。つまり私たちは、不確実なものにずっとさらされながら生き延びてきたという長い歴史があるのです。

「ＶＵＣＡ」という概念が広まるきっかけとなったコロナショックは、たしかに非常にインパクトのある出来事でした。全世界的に不確かで不安な体験をしたという記憶は、まだ新しいことと思います。しかしよく考えてみれば、「急にここ数年でＶＵＣＡの時代になった」というわけではなく、**「もともとＶＵＣＡだった世界が、一時的に非ＶＵＣＡの仮想世界を構築してきた時代を経て、その構造が破綻し始めた今、再びＶＵＣＡを前提に生きていく時代になってきた」というだけにすぎません。**

もういちど言いましょう。私たちの生きる世界は、もともとＶＵＣＡ――予測不可能で先行きの見えない世界なのです。世界は本来、わかりづらく複雑なものなのです。

図2-1　人類の進化と脳の進化

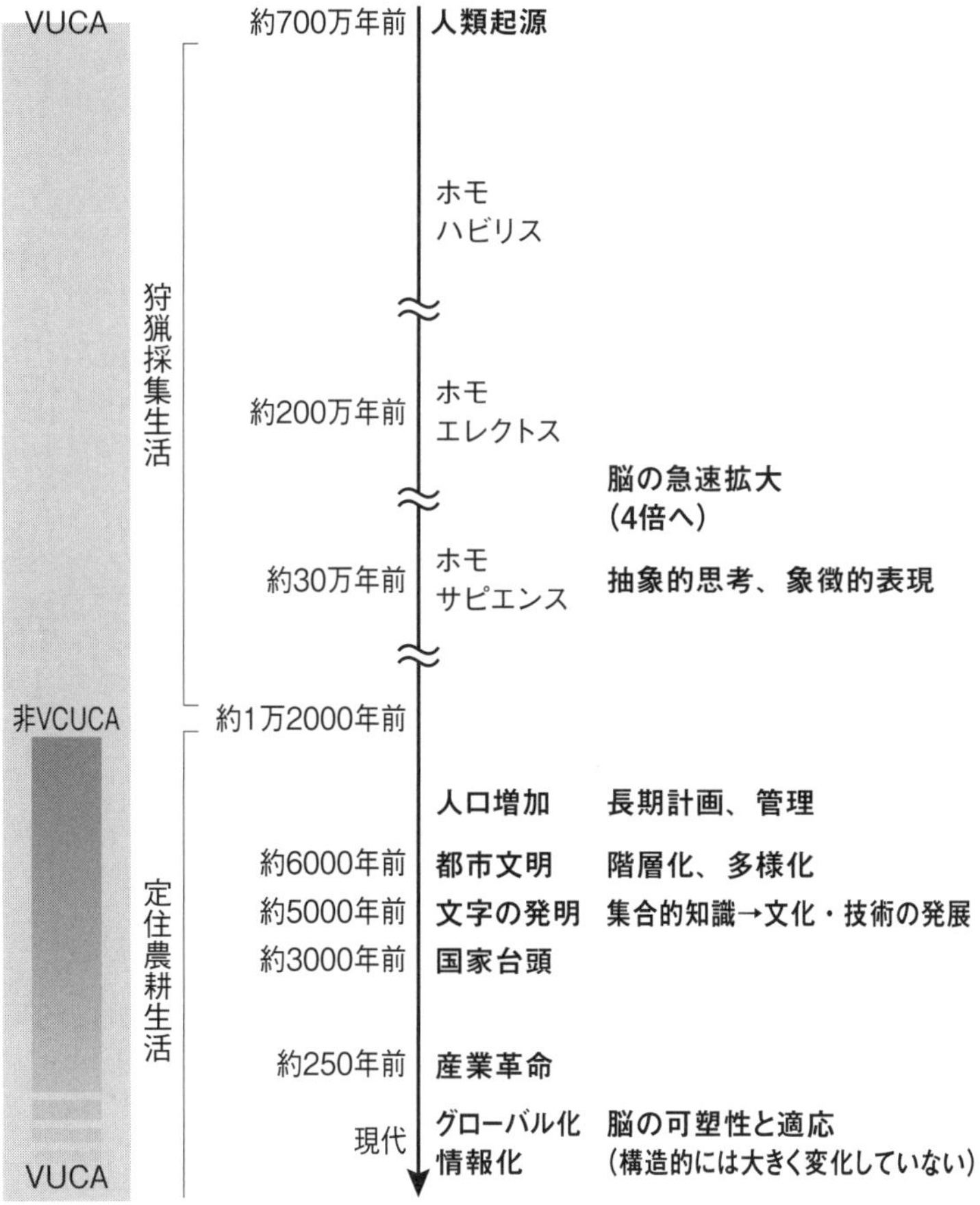

非ＶＵＣＡな仮想世界と脳の命題

農耕や定住を始めた人類は、いわば将来を予測できるという前提に立った組織や社会の仕組みをつくっていくことで、１万２０００年前の当時、話し合いで解決できる１５０人程度のコミュニティが最大だったところから、それ以上の巨大な集団を統制していくようになりました。まるでそれは「仮想世界」とも呼びうる、「非ＶＵＣＡ」を前提にした社会です。

これによって人類は、より多くの人と力を合わせ、統制し、爆発的な人口増加や社会発展を遂げることができました。つまり、食糧を管理することで人口を管理し、増やし、集団を拡大させて都市文明を発展させ、一部が多数を統制する形の社会を築いてきたのです。

もちろん、飢饉や災害などの予測不可能な出来事が発生することはありましたが、それでもマクロな視点で見れば、順調に近年まで「非ＶＵＣＡを前提にした社会」を発展させてきたといえるでしょう。この人類の爆発的な発展を支えたのが、「非ＶＵＣＡ」を前提にした社会と脳の関係です。

脳がいかに進化してきたか、わかりやすい例として「脳の容量」に注目してみましょう。約２００万年前には原人が現れ、食生活が肉食になり、脳が急速に拡大しました。原人は共同体をつくり、言語を使い、アフリカ大陸から他の大陸へと進出しました。さらに集団が大きくなると人類の脳はだんだん大きくなり、約40万年前には、脳は人類が誕生した

図2-2　脳の省エネモード

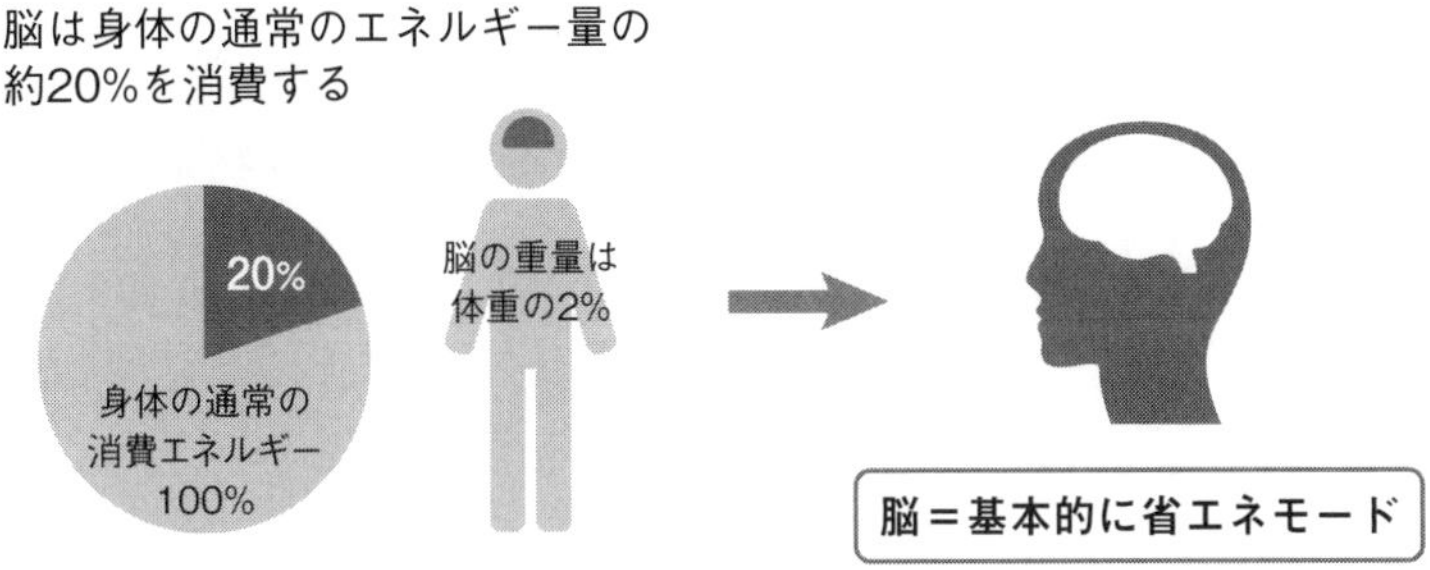

※厚生労働省「日本人の食事摂取基準（2025年版）」より算出

ころと比べて４倍ほどの大きさになったといわれます。これがほぼ現代人の脳のサイズで、成人男性が１３５０～１５００グラムほど、女性は１２００～１２５０グラムほどです。

こうして脳が大きくなることによって、人類は言語などの高度な知的能力をどんどん獲得していきました。

大きくなった脳は、全身のわずか２％の重量でありながら、全身の消費エネルギーの20～25％を使って生命活動を支えています。脳が大きくなることは、このような高いエネルギー消費を同時に引き起こし続けるということです。そこで、脳に新たな命題として「いかに省エネとなるか」が課されることになったのです。

別の見方をすれば、脳は四六時中「いかにサボるか」を追求しており、いわば「サボりグセ」がデフォルトとなりました。こうして私たち人類の脳は、「省エネモード」をベースにするという形で進化してきたのです。

メカニックビューとホリスティックビュー

人類が気づかないうちに発明した「非ＶＵＣＡな仮想世界」と、脳の拡大に伴って命題となった「脳の省エネモード」。この2つが同時期に組み合わさったことで生まれた「ものの見方」があります。

その「ものの見方」を本書では「メカニックビュー」と呼ぶことにしましょう。

メカニックビューの場合、「世の中は予測できる正解がある」という非ＶＵＣＡを前提にした反応をします。それは拡大した脳が生きるために求める「省エネ」を叶える「ものの見方」です。この脳の働き・モードを直感的に理解するために、「氷山モデル」をベースに解説していきましょう。

図2－3は、「ものの見方」を氷山のモデルで表した図です。メカニックビューの脳は、エネルギーをかけないことをミッションにしているため、海に浮かんでいる氷山のうち水面に出ている「目に見える部分」だけを認識するクセがついています。

つまりメカニックビューでは、効率と予測可能性を追求するがあまり、「目に見えるもの」「認識しやすいもの」「わかりやすいもの」に偏って認識し、反応するという特徴があるのです。水面上に出ている数値化できる部分、わかりやすい部分ばかりを見て判断する

図2-3　メカニックビューとホリスティックビュー

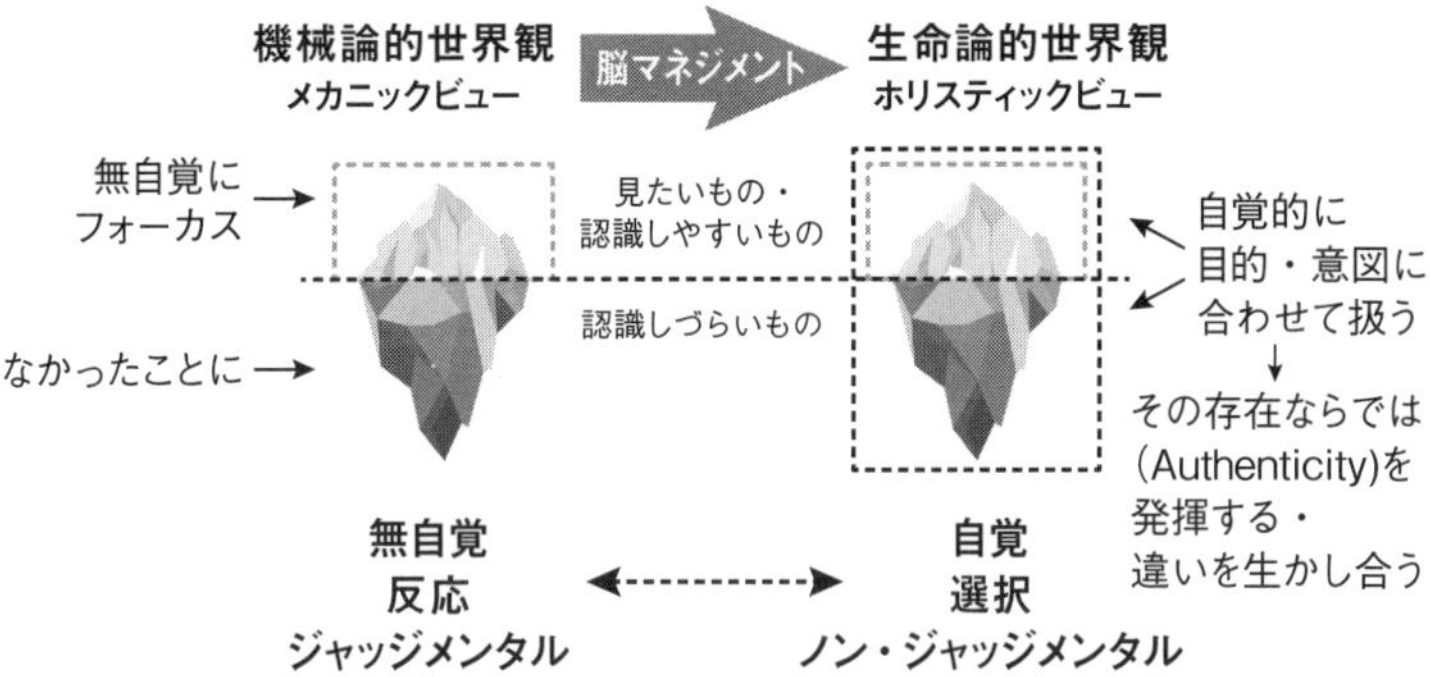

のがメカニックビューです。

一方でこの「氷山の下」は、いわば「見えないもの」「認識しづらいもの」「わかりづらいもの」です。この水面下にあるものを扱うときには、想像力（Imagination）や創造力（Creation）を発揮しながら探求するエネルギーと、前のめりな主体的な姿勢が必要になります。

本書では、この氷山の水面上下をともに扱える状態のものの見方を「ホリスティックビュー」と呼びます。省エネモードだと無自覚に発動するメカニックビューと、非ＶＵＣＡな仮想世界をつくると共に、氷山の水面上だけを偏って扱ってきた弊害を乗り越えるために、水面下のものも扱う必要があります。目に見えず認識しづらいものを扱うのにホリスティックビューは欠かせないのです。無自覚なメカニックビューを、自覚的なホリスティックビューに変えることが、まさに「脳マネジメント」の本体でもあるのです。

産業革命と機械論的世界観

狩猟採集生活時代、人類は小集団で移動し、食べ物は平等に分配され、今のような社会的階級もありませんでした。それが農耕社会になると、人口が増えて集団の数が増えました。すると、全員と議論をしながら意思決定をすると埒があきません。そこで、人類は「いかに長期的に物事を計画して、より大きな共同体を効率的に、オートマチックに動かしていくか」というテーマを追求するようになったのです。

非VUCAな仮想世界をベースにした社会においては、先のことをある程度計画することができるため、「どうすればいいか」という答えが自然とわかります。画一的な管理が可能な社会であり、この数百年においてはそのような非VUCA社会は実にうまく機能していました。たとえば「ルールをつくり、それに従う」というのは、それを追求した結果といえます。「このルールの通りに動けば、どんなときでもうまくいく」といったように、私たちは起こった問題に対して自動的に解決できる仕組みをさまざまな部分でつくり上げていきました。

具体例を挙げれば、次のような仕組みは、社会のOSとも呼べる前提条件だったのです。

- 「こうすればこうなる」という予測を可能とする
- ルールをつくり、それに従う
- 上下関係・中央集権的な意思決定をする

● 規律や評価・賞罰といった外的動機によって人を動かす
● お金（数字）を媒介にした経済活動を通じて、より成長・拡大を目指す

こうした「仕組み化」は、突き詰めれば**「機械的に動く」**ということでもあります。非VUCAな社会においては、人間や社会を機械のように扱ったほうが、あらゆる物事がスムーズに進みます。そして18世紀後半から19世紀にかけての産業革命を機に、さらにこのメカニックビューを強める世界観が生まれました。それはデカルトらによって**「機械論的世界観」**と呼ばれた「ものの見方」です。

産業革命によって生まれた資本主義経済においては、製造業にせよサービス業にせよ、マニュアル通りに作業する大量の人間が必要となります。いってみれば、「自分の頭で考える人間」よりも、「機械のように働く人間」のほうが必要とされたわけです。

機械論的世界観とは、「機械のように部品の組み合わせで成り立っているこの世界は、原因と結果の連鎖によって回っていく」という考え方です。この世界観のもとでは、一人ひとりの人間は思考停止状態に陥っていても、世界がオートマティックに成り立っています。

ただし、「世界が自動的に回っていく」というのは管理や制御がしやすい一方で、一人ひとりの個性はつぶされ、機械の部品のような消耗品になってしまうという面もあります。産業革命によって工場での大量生産システムが確立され、人間さえも機械部品のように扱う考え方である「機械論的世界観」が普及した結果、より省エネモードだけで済む社会構造が当たり前となり、人々のメカニックビューはさらに強化されていきました。映画監督

のチャールズ・チャップリンは、1936年公開の作品『モダン・タイムス』で、労働者が機械の一部のようになり、個人の尊厳が失われている機械文明を喜劇で表現しましたが、これには機械論的世界観に対する痛烈な皮肉が込められています。

「これまで」のOSと「これから」のアプリケーション

そして今、また私たちの世界は大きく変わりつつあります。

20世紀後半から現代にかけて、非VUCAな機械論的世界観に立脚したOSから生まれた社会システムの多くが、変化の激しい時代の中で揺さぶられ、破綻しました。そして「これまでの延長線上」では「これから」の時代を生き抜けないという現実を突きつけられています。私たちの社会は、再びVUCAの時代に突入しているのです。

このような社会においては、非VUCA的な仮想世界の常識——機械論的世界観にのっとってつくられた学校や企業、そして社会自体が、その成り立ちでの限界点を迎え、さまざまなところで歪みが生じています。利益や成長を求めて最適化を繰り返す企業活動、経済活動を支える社会や環境への影響を長らく取り扱わなかった経済界、生産性を高める同質な人を機械のように「量産」する教育現場、これらは「これまでと同じままではまずい」

図2-4　グローバル化・情報化の現代、「VUCA」をいかに扱うか？

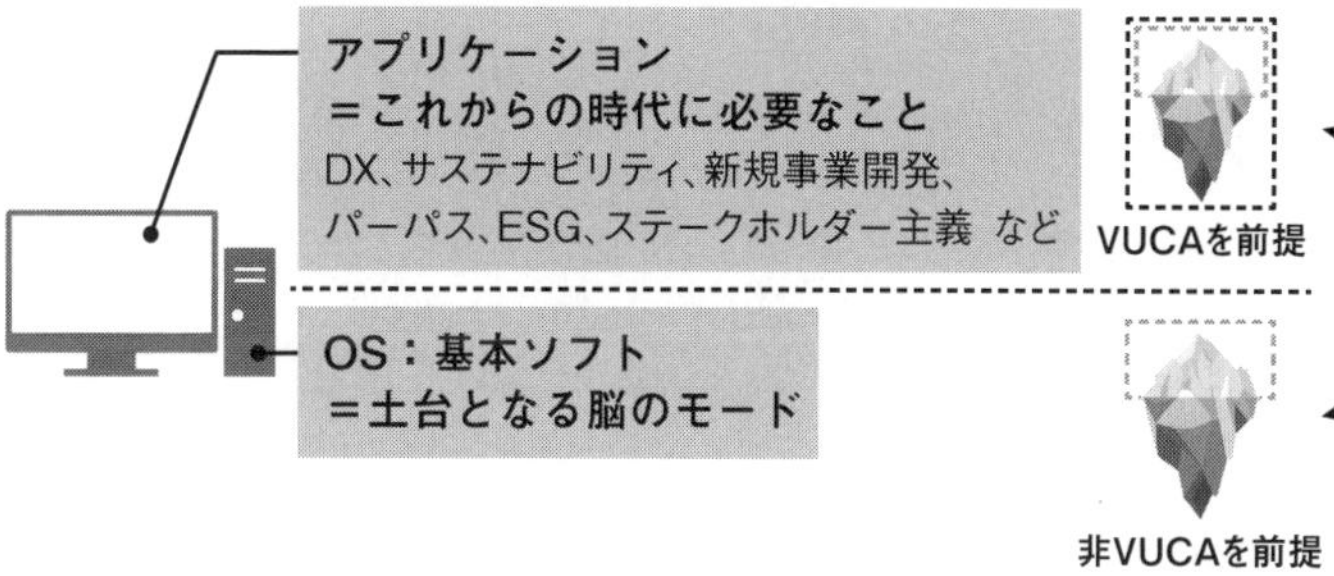

と、早急な刷新が求められています。よって、これまでの世界では当たり前だった「リニアな成長」「このインプットを投下すれば、これだけのアウトプットが得られるだろう」といった予測可能な世界観は、これからは通用しないのです。

そして、すでに「これから」に向けた新しい動きもどんどん明らかになってきています。

たとえば、「グローバルにも活躍できる、ＶＵＣＡをサバイブできる人材を育てよう！」と、探究学習などで非認知能力を扱おうと躍起になっているのが「これから」の時代のための教育です。また企業活動においても、「株主至上主義」ではなく「マルチステークホルダー主義」、そして「パーパス」を明瞭に配慮している組織のほうがパフォーマンスが高い、という研究が公となっている時代です。

世界が再びＶＵＣＡの時代に戻りつつあるのに、私たちの脳はいまだに非ＶＵＣＡな仮想世界の仕様から抜け出せていません。どんな土台、すなわちＯＳ（オペレーションシステム）の上にどんなアプリケーショ

図2-5　企業活動を氷山モデルで表すと？

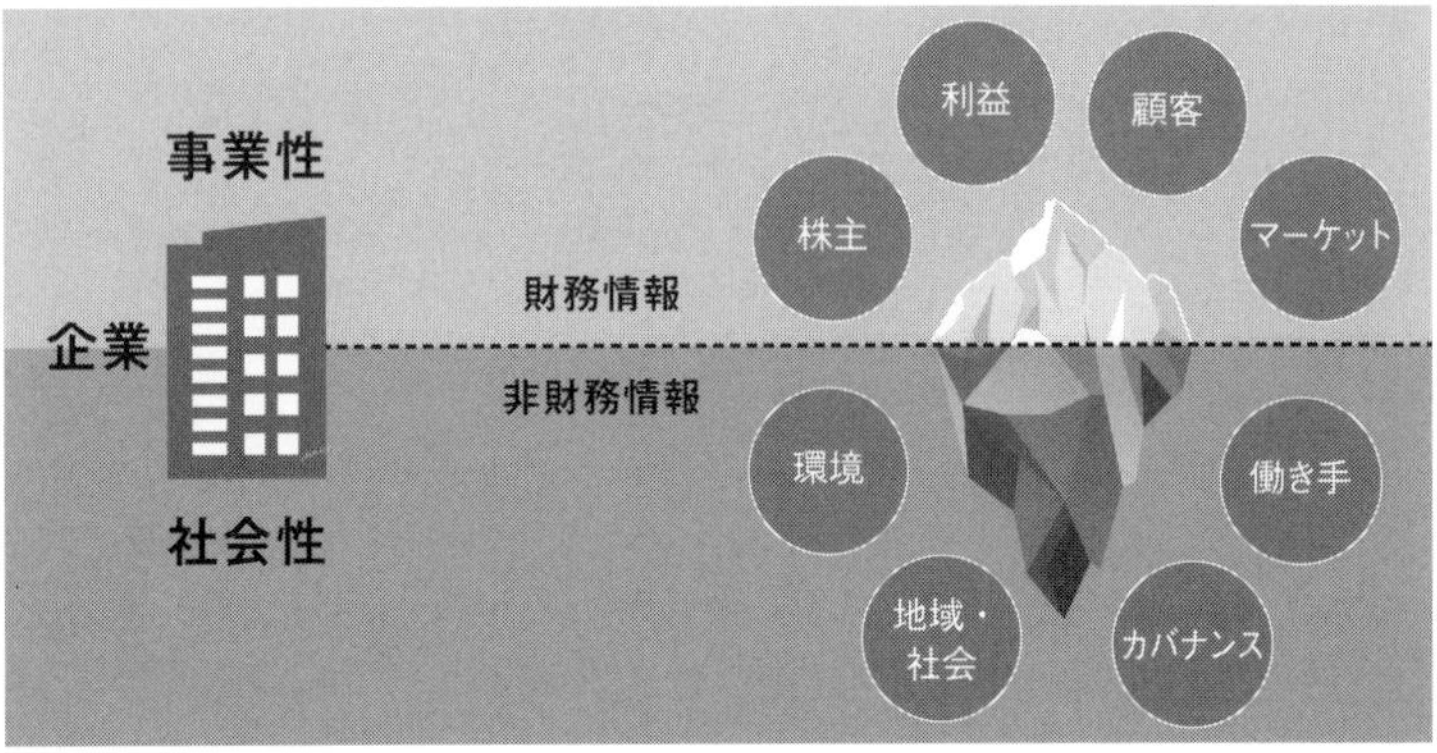

ンを載せるかが問われているのですが、たとえるなら私たちは、氷山の一角しか扱うようにはできていない非ＶＵＣＡの省エネモード、無自覚なメカニックビューがデフォルトとなっているＯＳの上に、自覚的にホリスティックビューを選んでいく必要があるアプリケーションが搭載されている、という状態です。

ＯＳとアプリケーションにこれほどギャップがあるのですから、どんなによいアプリを搭載したところで、ＯＳを超えてそれを機能させることはできません。

この氷山モデルの水面上と水面下にあるものの対比は、見渡す限りのあらゆるものに潜んでいます。ここで、それぞれの脳のものの見方との関係を紐解いていきましょう。

たとえば、企業活動における「財務情報」と「非財務情報」も、氷山モデルの水面上と水面下に二分すると理解が深まります。これまでは、「売上」や「利益」、「株価」といった数字や、「営業成績」や「目標管理」といったような、数値化しやすい定量化できる指標が重視されるというのがスタンダードでした。これは極めてメカニックビュー的な見方です。一方で近年、財務情報では取り扱わなかった「人」「環境」「社会」「倫理」といった「非財務情報」、あるいは「働きがい」や「well-being」、「組織文化」のような「数字で表せないもの」――つまり氷山の下にある、目に見えにくい極めて定性的な指標も扱う必要性が、少しずつ認識されつつあります。

「見えるもの」と「見えないもの」

現に、ＳＤＧｓにも代表される「サステナビリティ」の概念に同じ構図が見てとれます。ご存じの通り、ＳＤＧｓとは国連で採択された「持続可能な開発目標」です。「持続可能な社会」を実現するための具体的な指標として、「1　貧困をなくそう」「2　飢餓をゼロに」などの17のゴールが示されています。図２－６では、ＳＤＧｓがウエディングケーキのような概念図で表されていますが、17のゴールを整理すると、経済の下にその土台となる社会があり、その下に自然環境があり、その中央を協働の必要性の軸が貫いています。

このウエディングケーキモデルは、ヨハン・ロックストローム博士とパヴァン・スクデフ博士によって提唱されました。環境なくして社会は成り立たず、社会なくして経済の発展はないということを表すために、このような形をしています。

図2-6　氷山モデルで表すSDGs

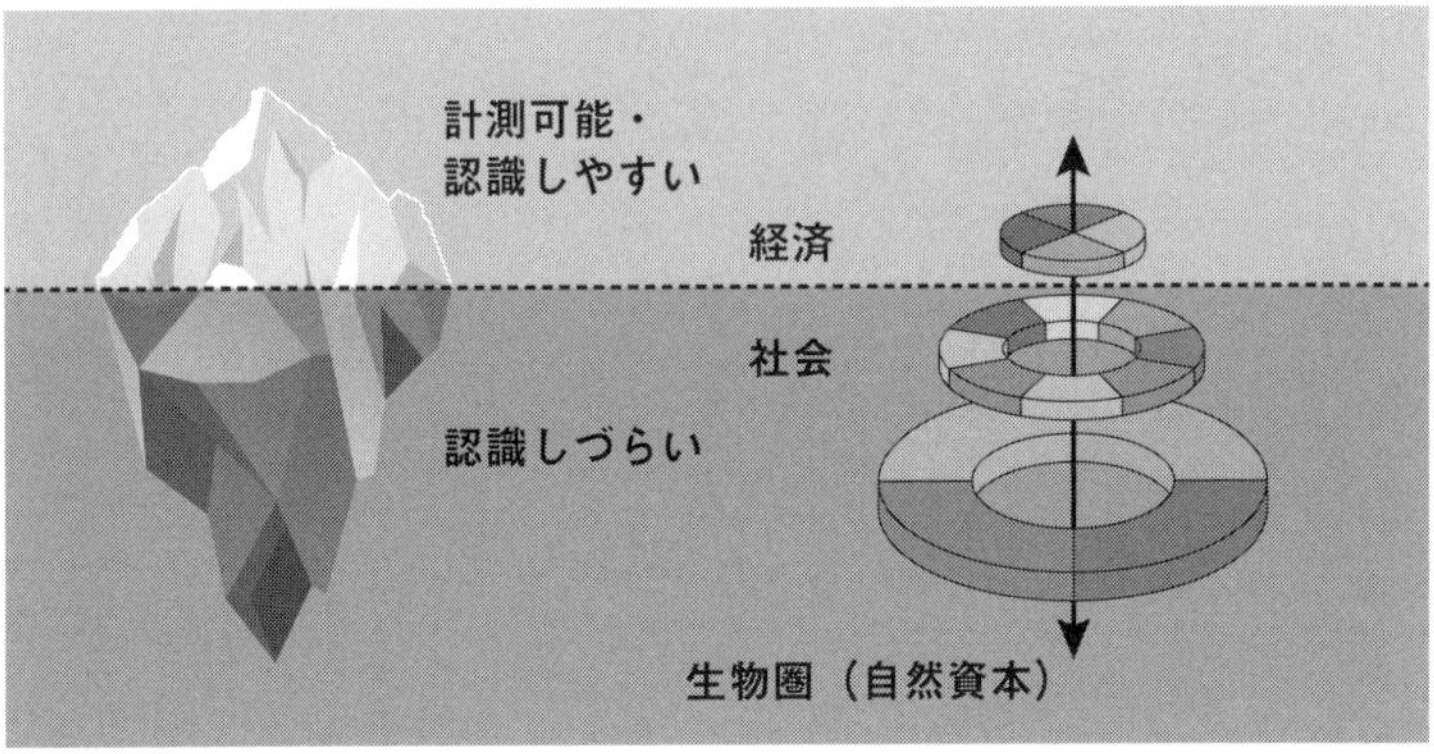

出典：ヨハン・ロックストローム

これはまさに、水面上の「経済活動」だけを視野に入れた企業活動が行われている中で、サプライチェーンの周辺にある「社会的課題」や「環境」との相互関係を見落としてしまっていたのを、「その尻拭いをみんなでしなければならない」という構図と重なります。

企業活動だけではなく教育の分野でも、同じことがいえます。氷山モデルでいう水面上で、成績など数字で表しやすい「認知能力」と、その範疇では取り扱いきれなかったけれどその土台となる水面下の「非認知能力」が、これからの時代に重要な領域であることが叫ばれています（図２－７）。

答えがあるものを扱い、教わることができた教育から、より内発的な好奇心を糧に答えのない問いに向かう「探究」という姿勢を育む重要性が認識され始めて

図2-7　氷山モデルで表す次世代型教育

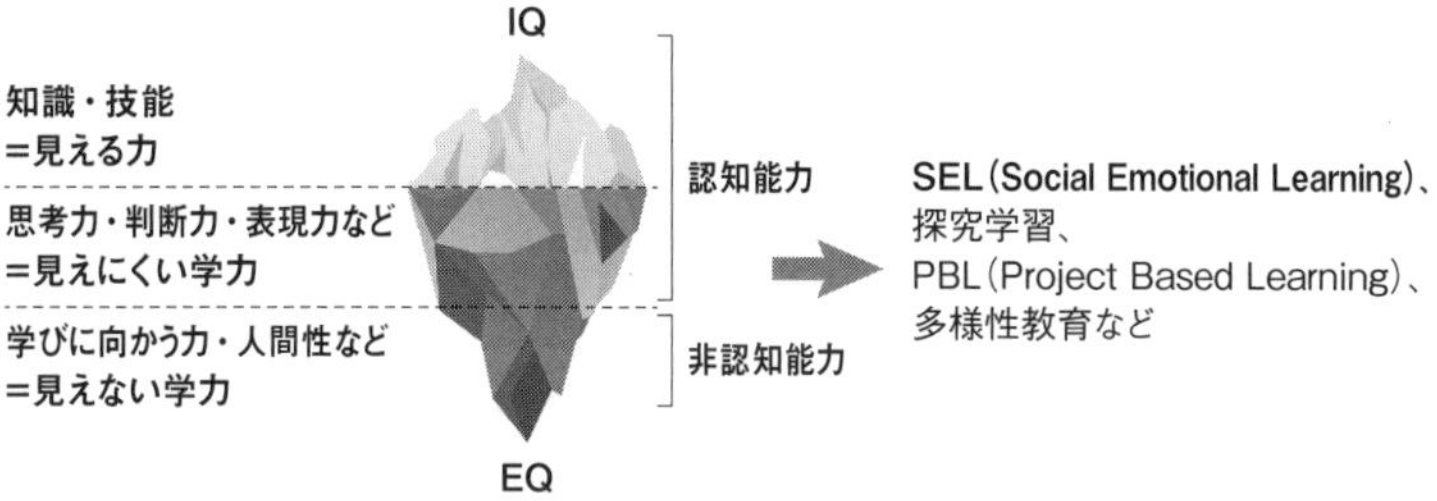

いるのです。

これらの例から、氷山モデルを例にしたときに、知らず知らずのうちに水面上ばかりに偏重してきた「メカニックビュー」が、従来のさまざまなアプローチの土台となっていたことに気づくでしょう。

「このままではまずい」「何かを変えなければ」という危機感や焦燥感から生まれたあらゆる標語――「ＳＤＧｓ」や「サステナビリティ」、「パーパス」、「探究学習」といった概念の広まりは、これはまさにこの水面下にあるものをいかに放置していたか、これからいかに扱わなければならないかなどが、水面上ばかりを扱ってきたメカニックビュー偏重、非ＶＵＣＡな仮想世界や機械論的世界観への過度な依存ゆえの課題が各所に勃発していることを顕著に表しています。

ただし、脳はいくら重要だと知っていても、省エネモードのままでは水面の下のものを扱うのが大の苦手です。苦手なことに無駄なエネルギーを割きたくありませんし、そもそも水面下にあるものの扱い方を知らなかったり、知っていても想像力や創造力など何らかのエネルギーをかけないと扱えなかったり……。こうした脳のクセが暴走する中で、「これまでのやり方」で「見えないもの」を認識して適切に扱っていくなんていかに無謀なことかが、おわかりいただけるかと思います。

さらに、メカニックビューにどっぷり浸かった脳は、「水面下にあるものは必要なものである」ということすらわかっていません。目に見えないもの、ときに水面下にあって大切だといわれるものの多くは、自分の理解や想像力の範疇を超えたものであり、脳はそうしたものを前にすると、たとえ取り扱いたくても思考停止状態になってしまうのです。

ジャッジメンタルとカチコチ脳

脳は体の一部ですから、私たちは脳を自分の意思で動かそうとするのが本来の在り方です。しかし、長年、仮想的とはいえ確固たる非ＶＵＣＡの世界を生きてきた私たちの脳は、思考停止状態に陥っています。そのため、脳がそのつど自動的に「脳のクセ」を発動し、結果として私たちは自動的に「どうせできない」「自分なんて」「こうあるべき」といった偏った思考を繰り返してしまう――これがメカニックビューに陥った脳の恐るべきところです。

世界を機械のように見るということは、部品のひとつである自分がいてもいなくても、代わりが効くということです。部品が壊れたら、別の部品に取り換えればいいだけなので

図2-8　メカニックビューの悪循環

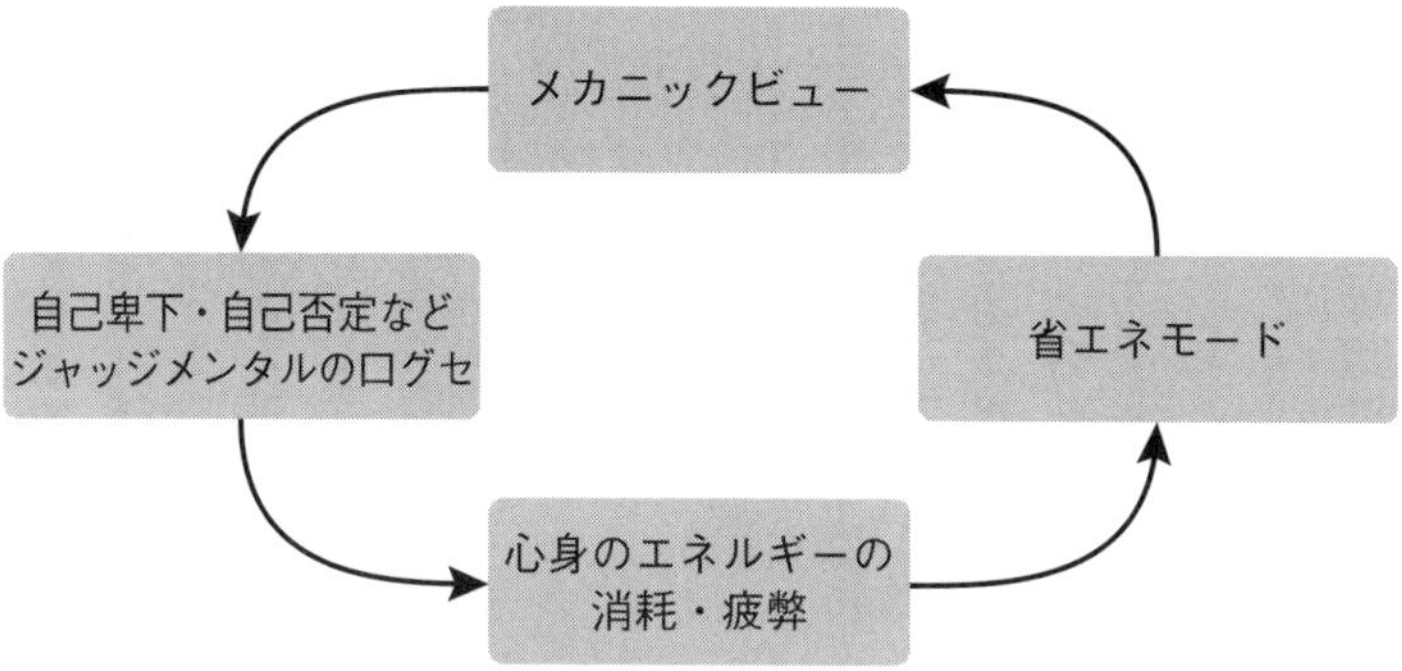

すから。そうなると、「壊れにくい部品」と「壊れやすい部品」、あるいは「品質の良い部品」と「悪い部品」という優劣が発生します。現に、機械論的世界観のもとでつくられた仮想世界では、学校でも会社でも人に優劣をつけるのが当たり前になっています。その結果、劣等感や自己犠牲感、「自分なんて」という自己否定といったネガティブなものの見方に陥りやすくなっているのです。

メカニックビューに陥った脳は、「部品として他者よりも劣った自分」に刃を向けやすくなるという特徴が見られます。たとえば、本章冒頭のチェックリストにもあった次のような言葉には、メカニックビューそのものが顕著に現れています。

- 「自分なんて」
- 「どうせ」
- 「だって」

●「あれがない・これがない」

あなたも、こうした言葉を口に出してしまったり、あるいは心の中でつぶやいたりしたことがあるかもしれません。しかし、「自分なんていなくてもかまわない＝代わりの人間がいる」と考えることはメカニックビューそのものです。

ここまで解説を読んだうえで前述のチェックリストを見直すと、自分がいかにメカニックビューなのかを認めざるをえない、という方もいらっしゃると思います。より当事者意識を持って読み進められるでしょう。

こうしたメカニックビュー的な環境においては、本人の「できた」という小さな成功体験すら周囲に認められず、ますます「自分なんて」「どうせ」といった思考にハマってしまいます。「自分の能力や才能を発揮しても大丈夫」という安心感のない環境で、ますますメカニックビューを強化し、エネルギーを消耗・枯渇して、さらに省エネモードから抜けられなくなり、生命体としても萎縮を加速させてしまう——そのような負のスパイラルに陥ってしまうのです。

メカニックビューのもたらす弊害はさまざまありますが、私たちにとって最も害となるのは、メカニックビューによる**「ジャッジメンタル」**な見方です。

「ジャッジメンタル」という言葉を聞き慣れていない方も多いと思いますが、これは「ジャッジメント」の形容詞形で、「どちらがよいか／悪いか」「優れているか／劣っているか」「正しいか／正しくないか」など、物事に優劣をつけてジャッジを下すことを指します。

何かにつけて「ものさし」を縦に振りかざすイメージで、次の5つのような思考はジャッジメンタルのわかりやすい例です。

- 「あの人は正社員／非正規社員だから」
- 「男性だから／女性だから」
- 「宿題をやってくる子は偉い」
- 「授業中に一人歩きしてしまう子はダメ」
- 「これからの時代はこうすべき」

私たちは無自覚のうちに、あらゆる人やモノ、コトにラベルを貼ったジャッジメンタルな世界で暮らしています。脳は無駄なエネルギー消費を抑えようとするあまり、周囲のさまざまな物事にレッテルを貼ることで、いちいち判断するのを回避したり、管理しやすくしたりしているのです。脳からすれば、このようにレッテルを貼って決めつけて思考を停止させてしまえば、エネルギーを使わずに済みますから、ジャッジメンタルのままでいたほうがラクなのです。

このジャッジメンタルについて無自覚なままだとどうなるのかといえば、ひとつの側面からしか物事を扱えなかったり、不必要なまでに自己卑下をしたり、劣等感を持ったり、「違い」を受容できないがゆえにフラットに比較できず、優越感や劣等感などが自動的に発生してしまったり……。こうしてジャッジメンタルは、心や体をじわじわと蝕んでいきます。しだいにエネルギーが削がれ、さらなるジャッジメンタルの罠にハマってしまうのです。

最近は、遺伝子のDNA配列は変わらずとも、置かれた環境などに応じて後天的に遺伝子の発現スイッチが変化する「エピジェネティクス（epigenetics）」という仕組みの研究が進んでいます。エピジェネティクスとうつの関係も明らかになり、マインドフルネスや瞑想によってエピジェネティクスがどのように変化するかもだんだんわかってきましたが、瞑想はメカニックビューから脱する技術ともいえます。将来的にメカニックビューが心身にもたらす影響、エピジェネティクスとの関係も科学的にも明らかになっていくことが期待されます。

先に述べた5つの例や本章冒頭のチェックリストは、第1章で解説した「ログセ」のある人にも共通した特徴で、無意識的かつ自動的に発動する脳のクセに偏重する、メカニックビューという「ある種の脳のモード」です。このモードに陥ると、しなやかに、心穏やかに充足している状態というよりも、忙しなく何かに追われていて常に余裕がなく、自分にも他人にも批判的な状態です。

こうした脳のモードやクセは、個人の中にせよ組織の中にせよ社会の中にせよ、正解がなく先行きの見えないVUCAの時代の中で何かをつくって生きていくには、ブレーキとなってしまいます。行きたい方向にアクセルを踏みながらも、脳がこうした状態にあるために無意識にブレーキを同時に踏んで、にっちもさっちもいかない――そんな膠着状態なのです。

これでは、私たちの心も体も機械のように押し込められて、脳もカチコチの状態です。

つまりメカニックビューは、あらゆるものをカチコチにするものの見方ともいえます。「これから」の時代を創っていく今こそ、メカニックビューのカチコチな脳から自覚的な脱却が求められているのです。

省エネモードと自家発電モード

私たち人類は長くＶＵＣＡな時代に生きてきたのですから、本来は、よくわからない複雑で曖昧で予測不可能なものに対して、「そういうこともある」という開いた心を持っていました。そしてその上で「何かできることはないか？」と、果敢に全身全霊で冒険心を働かせる資質を備えていたのです。少なくとも、農耕社会という非ＶＵＣＡな仮想世界を意図的につくり出すまでは。

狩猟採集時代には、「直感」や「野生の勘」といったものは、人間にとってとても大事なセンサーでした。それを放棄して「目に見えること」を優位とし、「目に見えないもの」を劣位にする機械論的世界観の中で、人間が備えていた「見えないもの」を扱う技術は、だんだん弱っていきました。

再びＶＵＣＡな時代が到来した今、私たちは氷山の下にある「認識しづらいもの」――不確実性や曖昧さ、複雑さを「なかったこと」にせず、自分の意思で扱う技術を取り戻す局面にあるのです。

図2-9　省エネモードと自家発電モード

省エネモード　　**自家発電モード**

省エネモード

- 「非VUCA」が前提
- 「見えるもの」しか扱おうとしない
- 「いかにサボるか」を常に追求し、エネルギー消費を抑えようとする
- 無自覚なメカニックビューをもたらす

＝疲弊や悪循環につながりやすい

自家発電モード

- 「VUCA」が前提
- 「見えるもの」も「見えないもの」も扱おうとする
- 前のめりでいくらでも夢中になれる、やればやるだけ力が湧いてくる
- 自覚的なホリスティックビューからもたらされる

＝本来の力を引き出す好循環を起こしやすい

それでは、氷山の下にある「見えないもの」を認識し、扱うためにはどうすればいいのか？　そのヒントとなるのが、メカニックビューの「省エネモード」の対極となる「自家発電モード」です。

VUCAを前提としながら「これから」を手繰り寄せようとすると、全身全霊で主体的に生き抜こうとするため、脳は「省エネモード」ではなく、前のめりでいくらでも夢中になれて、やればやるほど力が出てくる「自家発電モード」になります。これはいわば内側からの駆動で、注げば注ぐほど力が湧くループに入ったり、フロー状態にもなれるモードです。

疲弊や悪循環に繋がる省エネモードとは対照的に、自家発電モードとは、私たち本来の力を引き出す好循環を起こすモードといえます。

まずは「無自覚の自覚」を通じてメカニックビューを手放していくと、その先に自分「ならでは」の独自性と創造性を発揮する道筋が見えてくるでしょう。その自分「ならでは」のもとに一貫性のある取り組みをしているときは、やればやるほどさらに力が湧くはずです。これこそ、脳が省エネモードから自家発電モードに転換した状態です。

「無自覚のクセ」と「自覚的な選択」

前述のＳＤＧｓウエディングケーキの例からわかるように、私たちの脳は、ＶＵＣＡな時代の中で「目に見えないもの」を扱う必要に迫られています。にもかかわらず、非ＶＵＣＡな環境で「見えるもの」しか扱ってこなかったがために、最近の社会の急速な変化についていけずにいます。そのうえ、脳は「見えないもの」を扱うには大きなエネルギーを消費するため、これを避けようとして「見えないもの」をなかったことにしてやりすごそうとしてしまいがちです。

このような時代に求められているのが、「見えるもの」のみならず、その下に存在する「目に見えないもの」をも平等に扱うことができる、いわば氷山のすべてを受容して扱う「ホリスティックビュー」です。

ホリスティックとは「包括的な」という意味で、ホリスティックビューとは、機械論的世界観と生命論的世界観を用途に合わせて、自由自在に選ぶことができる「ものの見方」を指します。つまり、「選択的に、自覚的にものを見る目を養う」ということであり、ホリスティックビューを得ることが脳マネジメントのひとつのゴールとなります。

ただし注意すべきは、メカニックビューが一概に悪いものだとはいえない、という点です。たとえば、メカニックビューを育んできた時代における画期的な発明のひとつが、異なる人間同士が力を合わせるときのフレームワークや仕組み化です。こういったフレームワークを道具として使えば物事がスムーズに進みやすいというのは、大いに特筆すべき点といえるでしょう。

先のSDGsの例でいえば、たとえば「貧困をなくそう」というゴールを実現しようと考えると、それだけでは非常に曖昧で漠然としていて、何をどうすればいいのか具体的な行動に結びつきません。しかし、「この目標を実現するために、短期的にはこれを達成しよう」「中期的にはこうしよう」「長期的にはこうしよう」というステップを描くことで、描いた夢は実現可能な目標へと変わります。

このような目標実現に至るための骨子や計画の構築は、機械論的世界観が得意とする分野です。「目に見えないもの」を尊重するばかりではなく、当事者意識を持ちづらい、遠いことや大きいことを自分事として考えたりするには、機械論的世界観が生み出したフレームワークを選択して活用する必要があります。

そう考えると、一概に「メカニックビューを脱却すればいい」というわけではなく、状況に応じて脳のモードを選択する必要があるといえます。

繰り返しますが、私は「機械論的世界観が悪い」というつもりはないのです。機械論的世界観による仮想世界があるからこそ、「Aをインプットすれば B がアウトプットされる」という効率的なシステムや仕組みが成され、共通の未来を描いて力を合わせることができました。ただし、メカニックビューばかりに偏重すると、自然と「目に見えないもの」がおざなりにされがちになってしまう、というのは事実です。

そこで、まずは私たちが陥っている「無自覚の罠」――すなわち、無自覚に発動している脳のクセを自覚し、そこから解放されることで、「見えるもの」と「見えないもの」を包括的に扱うホリスティックビューを得ることができるのです。

脳マネジメントのスキルが向上すると、自覚的に機械論的世界観と生命論的世界観を行ったり来たりして、両方を使いこなせるようになります。そして、後述するように、生産性よりも、独自性や創造性を発揮する在り方に変容していくのです。

第3章

無自覚な脳を巡る7つの資質

脳マネジメントのゴールとは何か

ここまで読み進めていただけたなら、脳を「マネジメント」するという必要性や、背景が見えてきたのではないでしょうか？

私たち人類が、大きな集団を束ねて生産性や効率性を追うために、非ＶＵＣＡの仮想世界をつくったこと、そして私たちの大きくなった脳が、生き抜くために「いかにエネルギーを使わないか」を求めて「省エネモード」をつくったこと――これらが相まってメカニックビューが無自覚なうちに発動するという私たちのＯＳができあがりました。その一方で、「非ＶＵＣＡの仮想世界」はすでに綻びが出始めており、「やっぱりこの世界はＶＵＣＡだった」と叫ばれている、これが今という時代です。

とはいえ、脳の使い方はすぐには変えられないし、かといって無自覚なメカニックビューのままではうまくいかない――私たちの多くが抱える生きづらさは、このギャップから生まれています。「ＶＵＣＡを前提にしたアプローチ」として断片的に、創発的なコミュニケーションやアジャイル的なプロジェクト進行、探究的教育の推進といったアプローチが広まりつつありますが、脳のＯＳを自覚的に転換しない限り、独自性と創造性を発揮し合うことができないというジレンマを抱えているのです。

繰り返しますが、脳マネジメントとは単にメカニックビューをホリスティックビューにしていくもの、という公式ではないことには、注意が必要です。前章で述べたように、「メカニックビューが悪いから、これを脱却すればいい」という単純な話ではありません。たとえば、目に見えづらく扱いづらい現象に名前をつけたり、フレームワークを使って整理したり工夫したりするのは、メカニックビュー独自の力を自覚的に活かしている好例です。

これからの時代に求められるのは、「無自覚に」メカニックビューに偏重していた状態から、「自覚的に」メカニックビューも活用しながらホリスティックビューをベースにしていくことです。つまり、「無自覚の自覚」によって、省エネモード一辺倒だった脳を、省エネモードと自家発電モードを意図的に選べる状態にしていくことが脳マネジメントの目指すところです。

ただし、「無自覚なこと」は気づいていないわけですから、それを「なんとかする」のは非常に困難です。これには、次章でお伝えする**「無自覚の自覚」**の技術やトレーニングが必要です。その前に、無自覚なメカニックビューから自覚的なホリスティックビューに転換していくと、どんな変化をもたらすのか、「カチコチからイキイキへ」を直感的に理解できる「補助線」についてお話ししていきましょう。

「カチコチ」とは、無自覚なメカニックビューによってもたらされる、硬直して固まった認識や関係性、ときに身体の強張りなどを形容する表現です。これらを踏まえると、無自覚なメカニックビューにある脳を「カチコチ脳」と呼んでもいいかもしれません。

まずは、多角的なしなやかさを取り戻し、さらにイキイキとした考え方や人の発揚、各人が「ならでは」の力を発揮している様子を思い浮かべてみてください。固定化されたも

図3-1　脳マネジメントのゴールと広がり

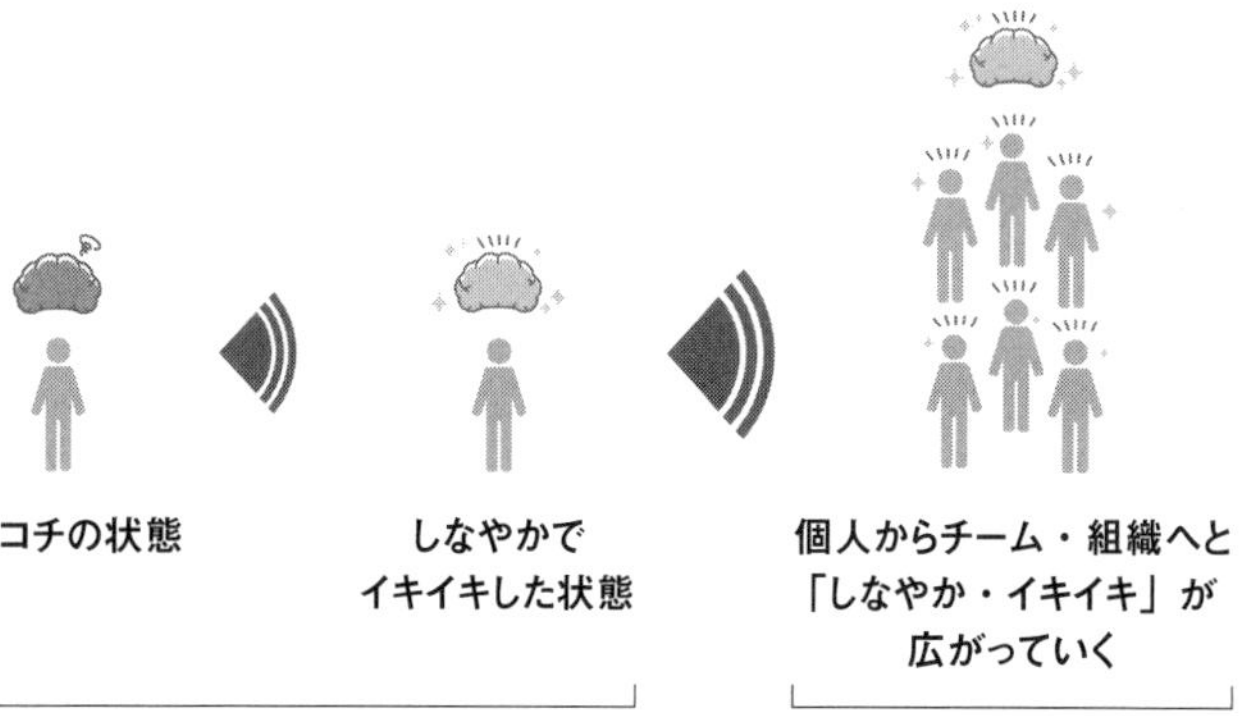
カチコチの状態
第4章　個人編
● STEP1：気づく
● STEP2：働きかける
● STEP3：体現する
第5章　チーム・組織編
● PHASE1：対人コミュニケーション・声かけ
● PHASE2：場づくり・チームビルディング
● PHASE3：組織の価値創造や変革

のが揺さぶられながら、しなやかになり、さらに本来の力がのびのびと発揮される――この一連の大きな変容も、方向性を矢印（ベクトル）としていかにイキイキ側に向かっていけるかを「なんとかする」のが、脳マネジメントなのです。

本章では、なぜメカニックビューで脳がカチコチになってしまうのか、どうしたらイキイキとしたホリスティックビューを手に入れられるのかをより探求するために、脳の7つの資質をご紹介します。「そもそも脳とはどんな臓器なのか」を巡る話題を通じて、そのすべて、もしくはいずれかの視点が自分の「無自覚の自覚」を促し、自動発動していた数々のクセに気づいたり、それを超えるための手立てのヒントとなったりすることを目指します。「脳マネジメント」の「無自覚の自覚」の一端に触れることで、ものの見方が劇的に変わり、今、抱えている閉塞感や無力感に対しても「できることがある」と景色が変わり、解消されていくはずです。

脳の無自覚な７つの働き

脳には無自覚なまま、知らないうちに発動するクセがあります。その多くは「なるべくエネルギーを消耗しないようにしよう」と、カチコチ状態の方向に人を陥らせてしまいます。この無自覚な脳について理解を深めるために、脳はそもそもどんな臓器でどんな働きがあるのかを見てみましょう。

どのように脳が働いているかについては、認知科学の発展によってさまざまな知見が日々解明されつつありますが、ここではより直感的に「無自覚の自覚」に活かせる７つの脳の資質を押さえていきます。

1 みんな同じで、みんなそれぞれ違う
2 心や身体のエネルギーが不足すると健全に働かない
3 知らない間に省エネのための処理をする
4 主体性が持てるとパフォーマンスが高い

5 見立て、言葉・イメージやストーリーに駆動される
6 身体性、環境に連動する
7 周囲と響き合う

この7つの脳の資質について、一つひとつ読み解いていきましょう。

1 みんな同じで、みんなそれぞれ違う

脳は誰もが持っている臓器ですが、一人ひとりの脳の特性は非常に多様です。自閉症やADHD（注意欠如・多動症）などの発達障害の有無にかかわらず、誰もが脳の多様性を持っており、「ニューロダイバシティー」という言葉も広がりつつあります。これは、「個人それぞれが、脳や神経に由来するさまざまな特性の違いを持ち、それらを社会の中で活かし合っていこう」という考え方です。

「誰もが同様に持っている臓器」と考えると、この（認知）特性の多様性に気づきづらく、「みんな同じ脳」を持っているかのように錯覚しがちです。本書では、脳の基本性質としてみんなが共通して持っている要素と、各人が持つ唯一無二の特性の両方を扱いながら、話を進めていきましょう。

この脳の資質に対し、無自覚にメカニックビューのままでいると、「普通」という平均的な脳の働きの基準を勝手に思い描いてしまいます。「普通」との比較で劣等感を持ったり、「他人との違い」を受容できずに「自分なんて」とジャッジしてしまったりという罠が発現

してしまうのです。

一方、この事実を自覚的に活かそうとすると、誰もが持つ臓器として共に自分事に考えやすい話題提供ができるという点や、ニューロダイバーシティの中に「自分ならでは」を発掘できるという点に、おもしろさがあります。

本書では脳科学の見地から、脳内物質や脳の部位などの専門用語を多用するアプローチをあえてとっていません。みな同じだからこそ分かち合えるツールとしての「脳」を題材にして、人や組織の活性化について紐解いていくことを主眼にしています。誰もが持つ臓器だからこそ、ともに実践できる知恵として分かち合えますし、さらに一人ひとり「違うこと」を前提に、それぞれ「ならでは」のチカラを見出し、発揮し合うことにも寄与できるアプローチとして、脳マネジメントを提唱しています。

2　心や身体のエネルギーが不足すると健全に働かない

前章でも触れたように、脳の重量は全身のわずか2％にすぎませんが、人間が消費するエネルギー総量のうち、実に4分の1から5分の1を脳が消費しています。脳は生命活動を司る臓器であるがゆえに、大量のエネルギーを必要とするのです。

同じ人であっても、その時々の状態で、脳の働きは大きく変わってしまいます。たとえば、怪我をしていたり病気であったり、とてもショックなことがあったあとなどは、脳はどうしても普段通りには働きません。心や体を回復するためにエネルギーが使われていて、脳にまで十分なエネルギーが行き届かないのです。すると視野が狭くなったり、健全には思考・判断できなくなったりと、つまり省エネモード、無自覚なメカニックビューがより強まってしまうのです。

ちなみにこのエネルギーというのは、生化学や生物物理学的視点に変換される細胞の電気的エネルギー、進化生物学的視点でいう身体を動かすエネルギー（カロリーベースの消費）というだけではなく、心理学的視点でいう精神的活力や意欲のエネルギー（意思力・ウィルパワーを含む）、ありとあらゆる文化や神話にも存在する普遍的な概念である「生命力（気・プラーナ）」といったものまで、定義が非常に幅広いのが実態です。ここでは、ある程度、人が自分で自覚できるものとして、食事や睡眠などの日常に循環するエネルギー、疲労やストレス、意欲、活力といったキーワードで自ら見出せるエネルギー状態を指すとして話を進めましょう。

先に述べた「エネルギーが落ちると、より省エネモードに固定化してしまう」というのは、1でいうところの「みんなに共通する資質」です。一方、どんなことが引き金となってエネルギーが落ちるか、落ちるとどんな傾向が強まるかなどは、各人が持つ唯一無二の個性でもあります。どんなことでエネルギーが削がれるのか、どんな反応が強く現れるのかを掘り下げることからも、その人「ならでは」が見えてくるのです。

いずれにしても、メカニックビューに偏っていて、「氷山の下」が認識しづらく、自分の状態について自覚もしづらいというカチコチ脳であれば、まずは心や体のエネルギー、自分自身を大切に扱うことが十二分にできているかをチェックすることが必要です。

3以降で詳しく解説しますが、メカニックビュー自体が自分や周囲の心身のエネルギーを奪っていくという側面もあります。心や身体のエネルギーが消耗すると、よりメカニックビューが強まり、さらにそのメカニックビューの持つジャッジメンタルさなどが、心身のエネルギーをより奪ってしまう……という悪循環の罠にハマっていきます。

よって、この「心や身体のエネルギーが不足すると健全に働かない」という事実を無視したり、自身のエネルギー状態に無自覚でいたりすると、知らず知らずこの悪循環にハマり、より強力なメカニックビューに固定されてしまいます。すると「どうしようもない」という状況に対し無力感を抱いたまま動けなくなってしまう、ということが起きてしまうのです。

一方で、あえてこの事実を自覚的に活かすならば、心身のエネルギー状態を優先順位高くウォッチすること、あらゆるエネルギーチャージの手段を日常的に活用する習慣をつくることもできます。睡眠や食事といった生活習慣はもちろん、心身のエネルギーがチャージされるような自然に触れる機会を増やしたり、自分ならではのエネルギーチャージの方法を見つけて自覚的に取り入れたりすることもできるでしょう。自身のエネルギー状態に気づきながらどうチャージすればいいかのアプローチについて、詳しくは次章でお伝えします。

3　知らない間に省エネのための処理をする

繰り返しますが、脳は多くのエネルギーを必要とする臓器だからこそ「エネルギー消費

図3-2　◉はどこにある？

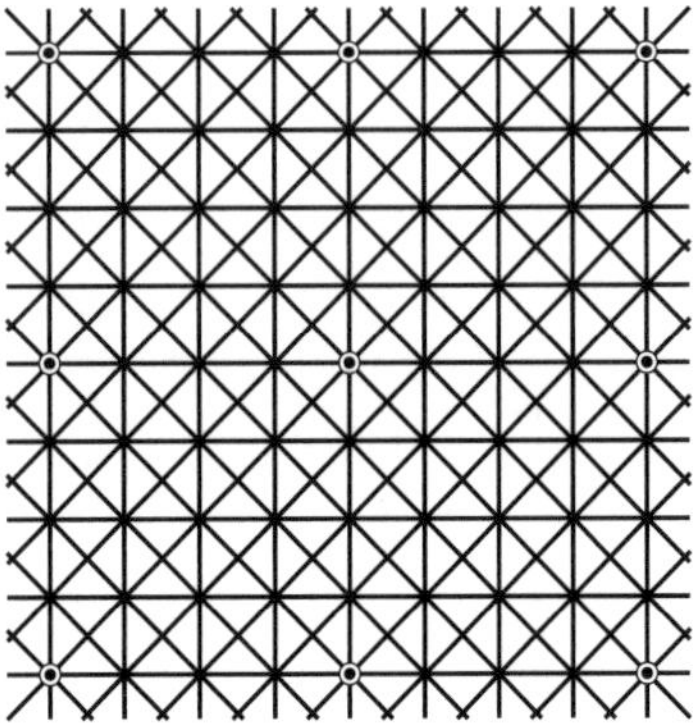

引用元：Ninio, J. & Stevens, K. A. (2000). Variations on the Hermann grid: an extnction illusion. Perception, 29, 1209-1217.

をいかに抑えるか」を常に追求する省エネモードを基本としています。この脳の省エネモードをここで一時的にでも体感してみましょう。

図3－2を見てみてください。格子の中央に黒い点（◉）が見えますね。次に、目線を右上に移してみましょう。するとそこにも、黒い点が見えると思います。しかしそうすると、不思議なことに、最初に見えていた中央の黒い点が見えなくなっているのではないでしょうか？　目線を左上や左下、右下に移すと、黒い点が現れたり消えたり、チカチカと見える方もいらっしゃるでしょう。

実は、この格子図の中には9つの黒い点があります。ところがすべての点を見ようとすると、一度には見えないという体験ができます。

このように、脳は「見ようと（意識）するもの」に焦点を合わせて実像を捉えますが、それ以外のことは省略してエネルギーを割かずに済ませる処理をします。後述するＲＡＳのフィルターにかかることが、「意識に上る」ことに繋がります。膨大な情報を瞬間瞬間処理する中で、あえて見ようとしていなかったことは、ＲＡＳのフィルターによって「生存との関連は薄いもの」としてふるい落とされ、意識に上らない、あるいはなかったことにするといった処理が行われています。

図３－２の格子図を見るときにも、この脳の反応がよく現れています。脳は、見ようとする位置にある黒い点はエネルギーを使って見るのですが、周囲の黒い点は「格子のパターンが続いているから、そのパターンが続くだろう」と勝手な予測をする処理を行うため、注視していなかった他の黒い点は「なかったこと」として埋もれてしまいます。だから視点を動かし、今度は他の黒い点を意識に上らせて認識すると、もともと見ていた黒い点も格子のパターーンの中に消えてしまうわけです。

たった5センチ四方のこの図の中でも、脳によるふるい分けが起きているのを実感すれば、脳の省エネモードのパワフルさを体感できたのではないでしょうか。

ここで、先ほどの格子図をもう一度見て、図中の9つの黒い点すべてを丸で囲ってみましょう。すると、見えなかったはずの黒い点がすべて、同時に見られるようになり、目がチカチカすることもないでしょう（図３－３）。

格子が繰り返されるパターンを「丸」が壊すと、脳は「これはワンパターンではない、イレギュラーのものがある」と認識して、すべての点が埋もれず、一度に9つの黒い点が

図3-3　◉を丸で囲むと？

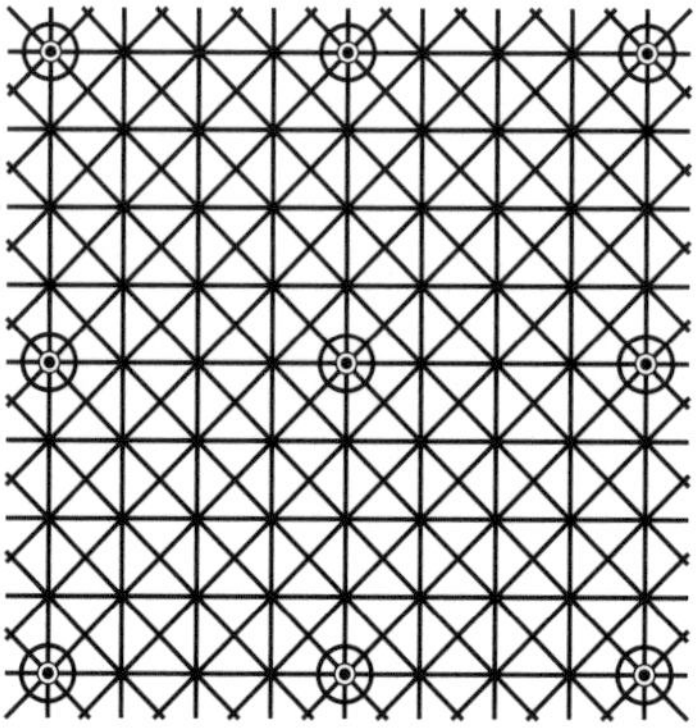

引用元：Ninio, J. & Stevens, K. A. (2000). Variations on the Hermann grid: an extnction illusion. Perception, 29, 1209-1217.

見えるようになります。このように、「いつもと同じ」を超えたとき、脳のカチコチの認知パターンに揺らぎがもたらされるのです。

このように、知らないうちにダイナミックな働きを繰り返す「省エネモード」によって、脳の消費エネルギーを抑えた認知反応や処理として、あらゆるものが省略、ショートカットされます。よって、その処理ゆえにあらゆる「ジャッジメンタル」や「バイアス」が引き起こされるのです。いくつかの例を見ていきましょう。

①現状維持バイアス

脳には、「現状を維持してエネルギー消費を抑えよう」というホメオスタシス（生体恒常性）が働きます。省エネのまま過ごせる「コンフォートゾーン」にとどまりたいがために「いつもと同じ」を繰り返し、考えずとも行えるルーティーン＝習慣をつくっていくのも、この「省エネモード」が優位となっている証拠です。

省エネモードで新しいことを取り入れようとすると、コンフォートゾーンを超えるための意思力（ウィルパワー）といったエネルギーが必要です。よって、「このままではまずい！」「変わらないと！」と危機感を持ったとしても、脳は本質的には、現状にとどまって変わろうとはしないという資質を備えているのです。

②ジャッジメンタル

「これはこういうものだ」というレッテルを貼って決めつけることで、エネルギーをかけて個々の差異をつぶさに扱おうとしない、という処理が行われます。また、「どちらがよいか／悪いか」と優劣・序列をつけて理解しようとするなどは、非ＶＵＣＡの世界の特性として、上下関係・上意下達の仕組みのほうが判断・思考・何かの合意や評価に関するコミュニケーションを省くことができるからだともいえます。

「正解主義」もジャッジメンタルの一種で、ジャッジメンタルの脳は「正解があるはずだ」「正解のほうがいい」という設定を自動発動させ、「正解」を求めようとします。派生して「合っているかどうかが気になる」「正解と思えないと動けない」などといったクセも発動しやすい傾向があります。

③ないもの探し

省エネモードであると、「エラー」「欠点」を探す「ないもの探し」を発動させることもしばしばです。この場合、自分にはないものを見つけようとして、「なぜ自分にはこれがないんだろう」「なぜ自分はダメなんだろう」と自分を責める態度も一緒に発動してしまいます。

この脳のクセに関して、シカゴ大学のデビット・L・クーバー博士らは「ギャップ・アプローチ」という手法を確立しました。これは、完全体から「足りないもの」を探すほうが、その場にないポテンシャルを見出す「ポジティブ*・アプローチ」よりも、想像力や創造力にエネルギーをかけず省エネモードの脳でもできる動作となる、という考え方です。

*本書では、物事にも感情にも善し悪しの優劣はない、というノンジャッジメンタルをベースにするために、「ネガティブ」「ポジティブ」といった言葉をそのままには使いません。「ポジティブ・アプローチ」「ポジティブ心理学」などの名称や、「ポジティブに思われがちな……」という表現に限り、この言葉を使っています。

＊

これらの3つは「バイアス（＝偏りや偏見、先入観）」と呼ばれるものにあたりますが、つまりは脳がショートカットを勝手につくって情報処理を省略するプロセスです。世の中にはいろいろなバイアスが存在していて、本書では踏み込んで取り上げませんが、これらの資質が組み合わさった結果、脳は違いを扱うのが下手であるということは、知っておいたほうがいいでしょう。

「違い＝間違い、エラー」といった自動的な連想によって、フラットに情報を扱うことができなくなります。同質性をもとに安全を確保していた頃の名残りで、「違い」と聞くと防御反応として「怖い！」と忌避する反応も起こりがちです。あらゆるものの違いに目を向けるとキリがないことからも、脳は「違い」をなかったことにするという処理を自動的に発動させているのです。これによって、あらゆる「独自性」を見出して発揮するという動作に対するブレーキとなっています。

脳の省エネモードが発動するほかの場面についても見てみましょう。たとえば、新しいことを学んだり、新しい場所に行ったり、新しいことにチャレンジしたりといったように、それまでなかった習慣を新たに取り入れたりするのは、私たちが考える以上に負担がかかるので脳は嫌がり、これを避けようとします。

みなさんも、口では「こういうことをやりたい！」と言いながら、行動が伴わないといった経験があるのではないでしょうか？　ときには、行動に移せない自分を責めてしまったりするかもしれませんが、この新しいことにチャレンジすることが難しいのも、「ないもの」にまずフォーカスするのも、そこにジャッジを挟んで自身を責めるのも、どれも脳の「省エネモード」に起因する、メカニックビュー的なごく自然な反応であることを、知っておいていただきたいと思います。

そんなときには、自分のせいではなく「脳のせい」にして、ジャッジメンタルをできるだけ手放すことが大切です。そのうえで、やろうとすることの要素をブレーキが働かないサイズに分解して手順を細かくしてみたり、やるかどうかに悩むエネルギーを減らすために、自分の意思を言語化してみたり、省エネモードでもできる手立てをいろいろと試してみましょう。

4 主体性が持てるとパフォーマンスが高い

先にも述べた、脳の脳幹にある神経ネットワークＲＡＳ（網様体賦活系）は、入ってくる情報について、重要な情報を意識に上らせる機能があります。ＲＡＳがフィルターとなって、「自分（の生存）に関わるかどうか」によって優先順位をつけてふるいにかけているのです。

「自分（の生存）と関係がある」「自分のものだと思えるもの」「自分が関われるもの」など、自分事に思えたり主体性を持てたりする事象に対しては、ＲＡＳによって意識に上ることでパフォーマンスが変わってきます。より深く集中できる、あるいは内発的動機づけも行いやすく創造性や責任感が高まるなど、これらの要素が相まって驚くほどの能力を発揮することができるのです。

逆に、主体性が持てず「他人事」であれば、ＲＡＳの意識に上らないため、脳のパフォーマンスは低いということになります。他人事にしか思えないこと、自分にとってどんな意味があるかわからないものは、取り組む意欲も集中力も持てないという場面は、誰しも経験があることではないでしょうか？

これは、省エネモードを自家発電モードに切り替えていく鍵が、主体性を持てているかどうかであることにも繋がっています。主体性や自分事に思うまでには、次のように段階的な条件が内在しています。

図3-4　脳のフィルター（RAS）

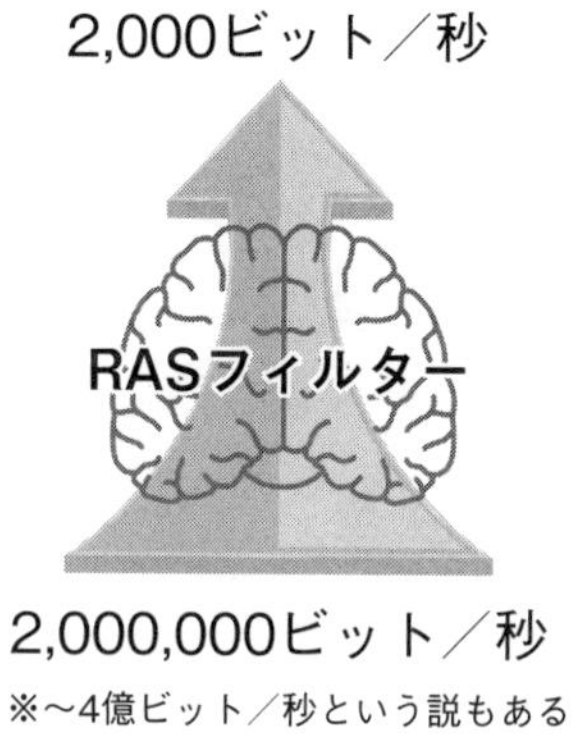

- 自分と関係があると思える
- 自分が関わる余地がある
- 自分が関わることで生み出せる差や意味を見出せる

付随して、そもそもその物事に興味や関心があるか、わかりやすい目標やイメージしやすい具体性があるか、自己決定・選択しているというコントロール感があるか、プロセスを共有しているかなど、主体性を引き出すデザインについてのさまざまな知見がある領域です。

それでも、無自覚な省エネモードでいると、単純に「自分には関係がない」という当事者意識の欠如や、「(関係があったとしても)どうせ何もできない」という無力感に陥ってしまいます。曖昧さや複雑さなど、ＶＵＣＡ的なものに出合うと、私たちは「わからない」「難しい」という反応が引き起こされ、他人事に思う省エネモードが発動します。思考停

図3-5　脳はハブとなって、さまざまな領域と相互に影響し合う

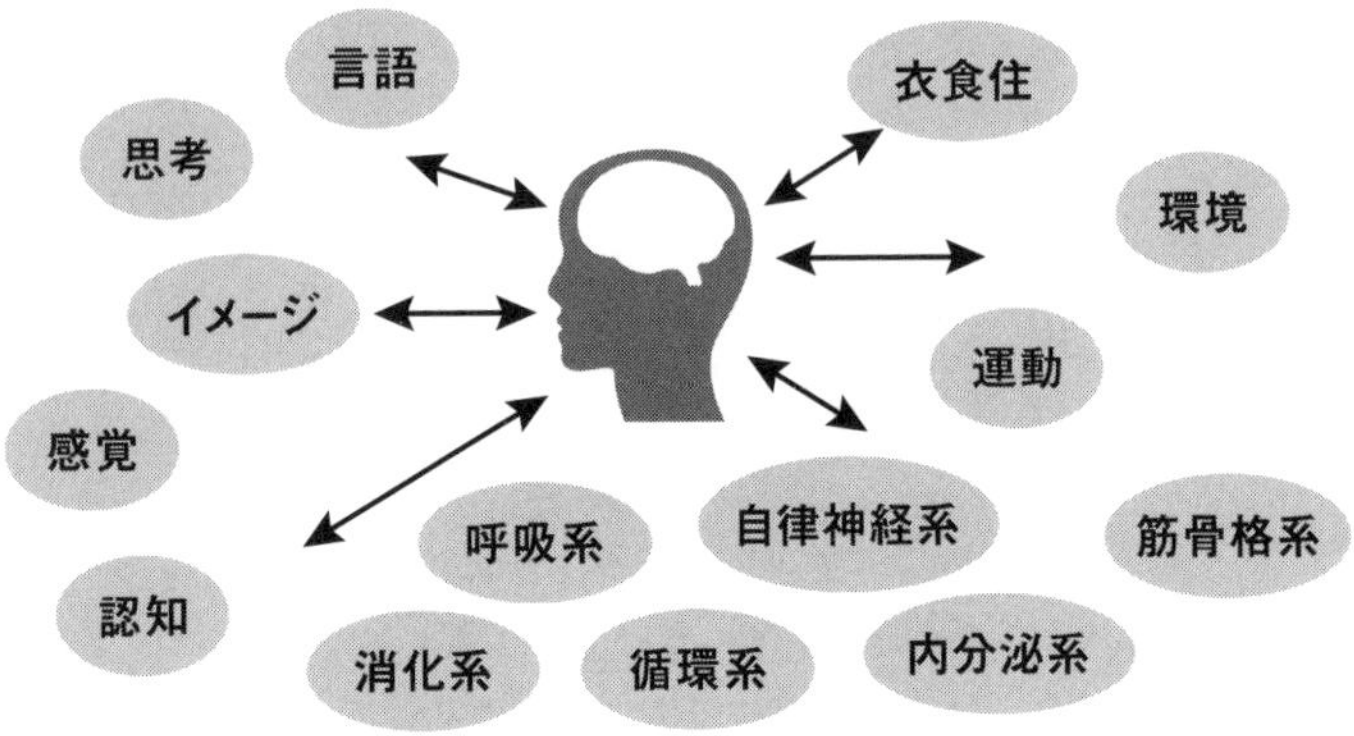

止したり批判者となったりして、カチコチさばかりを増長してしまうのです。

この資質を自覚的に活かすとしたら、まずは自分の主体性について自己理解を深めながら、いかに主体性を引き出せるかという視点で、あらゆるデザインの試行錯誤をしてみることがおすすめです。次章でも、この主体性をいかに紐解き、活用するかについてのアプローチを紹介しています。

5　見立て、言葉・イメージやストーリーに駆動される

脳はさまざまな刺激に影響を受けますが、中でも対象をどのような設定で認識するかである「ものの見方」「見立て」などに大きく左右され、それが身体や心に影響します。脳自体は頭蓋骨の中に収まっているので、直接触れたりして働きかけることができません。

図3-6　脳はイメージや見立てに駆動される

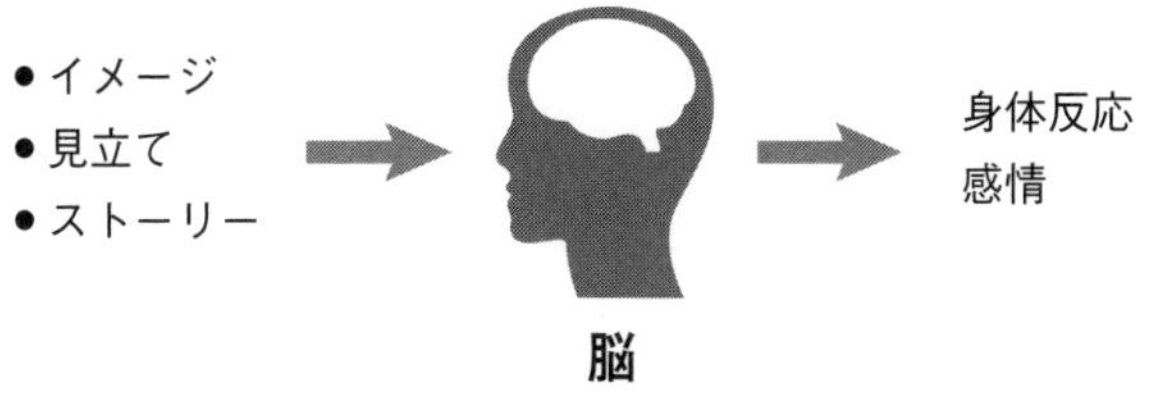

その代わりに、図３－５にあるように、脳がさまざまな領域と相互に影響力のある「ハブ」となっていることを意識してみましょう。

「見立て」とは、ある事象や状況を別の視点から捉え直すことです。たとえば、困難な課題を「挑戦」として見立てることで、ストレスではなく成長の機会として認識できます。すると、もともと課題を脅威に感じて不安や恐れがあったところから、それが和らぎ、「どうしようもない」といった手立てがない感覚から「できることがある」という効用感が生まれたり、心身の状態に変化がもたらされたりします。

目の前の事象が変わらずとも、「それを何と見立てるか？」とものの見方を転換することで、全身の活動に変化をつくることができるのです。舞台上で緊張してしまうときは、観客を「ナス」と思うようにして緊張を緩和するのも「見立て」の事例です。このように、私たちの脳は物の見立てや扱う言葉を、「ハブ」である脳に対して自覚的に働きかけることができます。

ものの見方についての話題として、「コップに入った水」があります。コップ半分に入った水に対して、「まだ半分しかない」「半分空《から》である」と思うか「半分も入っている」「半分満たされている」と思うか――解釈が変われば、欠乏感を感じるのかどうか、感謝を感じられるかどうかが変わります。それに連動して、引き起こされる感情もストレスも、身体反応も変わるのです。

この話題と同様のものの見方に関して、アメリカのイエール大学が行った興味深い研究があります。40歳の男女700人を集めて、自分の年齢に対して「まだ40歳」と感じている人と「もう40歳」と感じている人とにグループを分け、それぞれのグループの人が何歳まで生きたかを調査しました。すると、前者は後者より7・5年も長く生きていたことがわかったのです。

これは、年齢を重ねることを肯定的に捉えるか否定的に捉えるかというものの見方が、体の状態に大きな影響を与えるということを示しています。

ストレス自体についても、米スタンフォード大学のケリー・マクゴニガル氏は、世界的ベストセラー『スタンフォードのストレスを力に変える教科書』の中で、「ストレスそのものが悪いわけではない」と指摘しています。

あなたは、多大なストレスを感じるとイライラしたり不安になったり、不眠や気分の落ち込み、頭痛や胃痛などを引き起こすことがある、と当たり前のように思っていませんか？　これは、すでに無自覚なまま持っている固定概念なので気づきづらいですが、悪影響をもたらすのはストレスそのものではなく、「ストレスは体に悪い」という思い込みなのです。

「プラシーボ効果」も、この資質の証しでしょう。薬だと思い込ませて小麦粉などの偽薬を飲ませても効いてしまうという反応のことを「プラシーボ」といいますが、ある実験では、偽薬を飲んだ30％くらいの人が、「薬を飲んだ＝症状がよくなるはず」という思い込みによって、実際に症状が改善したという結果が出たそうです。有効成分が入っていない「薬」を、「これは効く！」と思って飲めば本当に効いてしまう――そのくらい、人間の「ものの見方」の影響力は大きいのです。

この資質に無自覚のままであれば、ないものばかりを指摘して、困難を困難のままに扱い、ストレスは身体に悪いと思い込んだままである自分にも気づかずにいるでしょう。そのままストレスに遭い、「できることは何もない」と省エネモードどころか無力感に苛まれ、心や身体を痛めつけることになるでしょう。

ただし、私たちはこの事実をもとにできることがあります。この「ものの見方」を変える手段を活用し、あるものに焦点を当て、感謝し、困難を成長や学習の機会と捉え、「ストレスは、思い込みがなければ悪い影響はない」と知ることで自身を守り、「できることがある！」と小さい成功体験を積み重ねれば、あらゆるピンチもチャンスに変えて、成長することができるのです。見立てや言葉・イメージ、ストーリーなどを駆使して、影響力を自覚的につくり出していきましょう。

6 身体性、環境に連動する

5では、脳はものの見方という内的要因によって影響を受けるという資質を解説しましたが、脳は身体性や環境という外的要因にも連動します。たとえば、姿勢や表情などの筋骨格系、食事や運動、睡眠などの生活習慣、物理的にどんな空間に身を置くかの環境などによって、脳の働きや関連した心身への影響を引き起こすのです。ここでは「外的要因」とひとまとめにして紹介しますが、「頭の内と外、どちらのことか」という分け方をすると、5との違いをイメージしやすいかもしれません。

身体性のひとつである「姿勢」を例に考えてみましょう。たとえば、背中を丸めるときは防御の反応として、抑うつ気分が誘発され居心地が悪かったり呼吸の幅が小さくなったりします。逆に、胸を張ってまっすぐ顔を上げるだけで、自分も周りも自信を感じることができたり、呼吸も深くなって視野が広くなったりします。

環境の例でいうと、緑地や海、太陽光など自然に触れることで、本来の生命体としての活性化が起こり、筋肉緊張が緩んだり、心拍などの安定化に繋がったり、ストレスが低減したりといった影響があります。

室内であっても、観葉植物や生花を取り入れることで、同様のパフォーマンス向上が観察されています。何より環境については、片づけや掃除など自らの働きかけでより快適な場所になった、という自己効力感を高める効果も見逃せません。観葉植物や生花も、ただ第三者に設置されるだけではなく、「自分の場所」という所有感を感じられる場所で、自ら水やりなどの世話をしながら関わることで、さらにパフォーマンスにかかる影響が大きくなることも知られています。

これらの外的要因が影響を持つということに無自覚なままならば、知らず知らず自身の姿勢や目に入るもの、環境などに振り回されてしまう可能性があります。気づかないうちに自身のエネルギーを消耗するような環境に身を置いたり、全身機能が活性化されない姿勢や運動不足のままに自身を押し込めてしまったりするかもしれません。

逆にこの資質を自覚的に活用すれば、思考を変えるよりもずっとシンプルで簡単なアクションを通じて、自身がより「できることがある」と感じながら、本来のパフォーマンスを全方位に発揮できるのです。次章でお話しするエネルギーチャージのアプローチの中にも、自覚的に外的要因との関係を活かしていく方法を紹介しています。

7　周囲と響き合う

7つ目に紹介するのは、私たちは、一人きりで完結しておらず、周囲の人や環境と響き合っている、という資質です。この響き合いの背景にある原理を体感いただくために、図3－7のイラストを見てください。

たった5本の線ですが、きっとしょんぼりしている顔に見えるという人が大半だと思います。ちなみに、人間は顔を認識して表情を読み取る力が極めて強く、ただの5本の線であっても、ぱっと見て顔として認識できるようにできています。

図3－7を見たあとに、図3－8を見てみましょう。たった3本の線ですが、ニコッと微笑んだ顔に見えますね。図3－7のあとに図3－8を見ると、どんな変化が自分の中に起きたか、その変化をしっかり味わってみてください。もしかすると、自分の表情も和ら

図3-7　5本線は何に見える？

図3-8　3本線は何に見える？

いだり、ちょっと胸が温かく感じたり、気分が上がったり、という人もいるのではないでしょうか？

私たちは、相手が悲しそうな表情をしていると、それにつられて無意識的に自分も悲しい気持ちになるという傾向があります。逆に、相手がうれしそうな笑顔であれば、つられて笑顔になったり、自分の心も自然とウキウキしたりしますよね。脳は無自覚であっても「相手の表情を真似しようとする」というクセを持っているのです。

現に、むっつり顔をしかめていたり、無表情で冷たい表情の人たちに囲まれていると、自分だけニコニコするのは至難の業。知らないうちに自分も同じようなしかめっ面になってしまうでしょう。逆に周囲が笑っていると、自分も自然と笑顔になりやすくなります。

これは、脳には「ミラーニューロン」という神経細胞があるからだと指摘されています。この神経細胞は、他者の行動を見ているだけなのに、あたかも自分が行動しているかのように反応するという働きがあります。私たちの脳は、自分のことと相手のことを完全に切り分けて捉えることができず、自分と他人を混同し、私たちは周囲の人と響き合いながら、ときに同調していくのです。

6で述べたように、外的環境と密接に関係している脳は、周囲と相互に影響を及ぼし合うという特徴もあります。たとえば、どんな場所にいるかで自分の状態は変わりますし、一緒にいる相手によっても変わります。

たとえば、ミーティングで誰かが「これは難しいですね」と発言すると、周囲も口々に「難しい、難しい」と言い出す……という場面に覚えはありませんか？　誰かが言い出した「難しいからできない」という言葉に連動し、「そうだよね、難しいよね」「たしかにできないな、どうしよう」という、生産性の低いループにハマってしまう――そんなミーティングを経験した人は少なくないと思います。これはまさに、相手の脳に引っ張られた状態で、メカニックビューのような「ものの見方」も周囲に伝播して強め合っている、ということです。

たとえば、「他人に優しく、自分に厳しい」――多くの人は、こんな人に対して好印象を抱くのではないでしょうか。このタイプの人は、「自分なんてまだまだだ」「自分にはこれが足りない・これができない」といった言葉をよく使いがちです。

こうした発言は「自分はまだまだの状態だ、だからもっと成長しなければいけない」という向上心の表れと捉えることもできますが、このような人が周りにいるのなら要注意です。なぜなら、脳にとっては「どの対象にかけた言葉か」はさほど重要ではなく、それがあなた自身に向けられた言葉ではないとしても、あなたの脳はこれらの言葉によって「自分はまだまだだ」「自分にはこれが足りない・これができない」と、ジャッジメンタルなまなざしをかけられているかのように自動的かつ無自覚に思い込んでしまうのです。

よって、無自覚なメカニックビューは、そのものの見方をしている本人だけではなく、その言動を浴びた周囲の人にまで、思いの外、大きな影響力を持ちます。そして互いにエネルギーを消耗し合うことにも繋がるので、さらにジャッジメンタルな言動をラリーのように反射的に交わし合う、メカニックビューの不毛な応酬になってしまうことがあるのです。

一方、この資質を逆に自覚的に活かす方法もあります。

無自覚の応酬の中で、疲弊し合うのではなく、たった一人でも自覚的なホリスティックビューでノンジャッジメンタルなまなざしや言葉をかけられたら、その一人の存在から、周囲や場に伝播し、「カチコチからイキイキへ」の流れをつくることができるのです。

これは同時に、個人レベルで脳マネジメントを行えば、それを周囲へ、組織へ、社会へと伝播させることができるという可能性を示しています。個人の脳マネジメントの実践方法は第4章で、チームや組織に脳マネジメントを活用する方法については第5章でお話しします。

「ならではの力」を発揮する世界へ

いかがでしょうか？　ここで述べた7つは、無自覚のうちに働いてしまう脳の資質なので、普段の生活では気に留めなかった人も多いと思います。しかしあらためて列挙されると、意図を持って脳を働かせていないときにいかに脳のクセに振り回されるか、その影響力のダイナミックな大きさに驚いたのではないでしょうか。

実際には、脳が働いているおかげで私たちは生きていけるのですから、こうした脳の無自覚な働きは一概に悪いものとはいえません。そして脳は進化を続けているため、これからどんどんよい方向に変化することも期待されます。とはいえある一定の条件下に数万年の単位で晒されないと、脳の構造的進化は起きません。

さらに今後、環境変化の激しい中では脳自体の変化は起こりづらいと考えられます。近年では人の脳にAIチップを埋め込むなど、新しいアプローチが進められていますが、先に挙げた7つの資質は原則的に働いているものが多く、むしろこの原則のもとに新しい技術をどう活かすかが肝要となるでしょう。脳の資質を理解したうえで脳をどう味方につけるかが、「これから」の時代のあらゆるアプローチの土台となるのです。

脳マネジメントの手法は多岐にわたりますが、第4章からは、本章で取り上げた7つの脳の資質を踏まえたうえで、脳マネジメントを実践するための具体的なアプローチを紹介していきます。冒頭でもお伝えしたように、脳マネジメントは、生産性を高めるためのアプローチではありません。個人の集中力や時間、労力、知識・技術などを効率よく活用するという、機械論的世界観の意味だけではなく、VUCAな世界で、誰一人としてかけがえのない「いのち」がひしめく中で、それぞれの存在が「ならでは」の力、独自性と創造性を発揮し合う世界をつくるためのものです。

個人にしろ、家族や職場などのチームや組織にしろ、しなやかでイキイキした状態というのは、その一人ひとりそれぞれの存在が、「ならではの力」をのびのびと発揮し合っていることでしょう。次章から解説する、「カチコチからイキイキへ」を実現する、脳マネジメントの具体的なアプローチを通して、一緒に進んでいきましょう。

第4章

基本の脳マネジメント
——個人が変わる

脳マネジメントの概要と、個人を変える3つのステップ

「脳を味方にする」「メカニックビューに自覚的になる」には、具体的にどうすればいいのか？――そんな声にお応えしていくために、本章からはいよいよ脳マネジメントの実践編についてお話しします。

カチコチな認識や関係性を超えて、しなやかな変容を経て、イキイキとした存在の発揮に向かっていく脳マネジメント。この大きなひとつのベクトルは、個人の変容に続いて、目の前の相手とのコミュニケーション、協働についての「対人」における脳マネジメントへと応用でき、さらにある空間・時間を共有するミーティングといった人の輪（場づくりからチームビルディング）、組織やコミュニティ、社会へと範囲が広がっていきます。すべての発端はたった一人からでかまいません。自分自身である「個人」の変容があらゆる変革の土台となります。

本章では、まずは個人の脳のOSを転換していく脳マネジメントの実践方法をご紹介します。一人ひとりに適したアプローチは異なり、かつ同じ人であっても、その時々の状態によってアプローチは多岐にわたります。ここでは、誰もに共通して活かせる基本の3つのステップを押さえていきましょう。

各ステップの具体的な方法として、ここで挙げるアプローチの中には「これまでにも聞

図4-1　個人における脳マネジメントの3つのステップ

個人レベルにおける3つのステップにおいて、STEP1「気づく」はSTEP2「働きかける」の土台に、その上にSTEP3「体現する」がある。また、STEP3まで至ると、また新たな「気づき」が生まれ、STEP1からSTEP3を螺旋のように深めていくことができる

いたことがある」「知っている」という話題があるかもしれません。しかし、その認識のまま読み進めると、第3章でお話しした「脳の資質3」にもあった、「知らない間に省エネのための処理をする」という傾向にのまれてしまいます。

実際、「あ、これは知っている！」と思った途端に、「省エネモード」のスイッチが入ってしまうことも多いのです。脳のしなやかさを失わないために、「もしかしたら何か発見があるかもしれない」という心構えをしてみることをおすすめします。

ここで紹介するのは、生産性や効率性ではなく、独自性や創造性を発揮するための個人における脳マネジメントです。最初に、基本となる3つのステップを確かめていきましょう。

- ステップ1：気づく
「無自覚の自覚」によって発動する脳のクセを理解し、自分の内側への解像度を高めるアプローチ。
- ステップ2：働きかける
自己理解を深めたうえで、自分自身を望ましい状態に向ける適切な働きかけをしていくアプローチ。
- ステップ3：体現する

物事に主体性を持って現実創造していくため、オーセンティシティ（ならではの力）を発揮するためのアプローチ。

「このままじゃまずい」と何かを変えたい人、もしくは「変えたい」と思ったとしても「変えられるはずがない」とあきらめてしまっていた人が、何をするにもクリアな視界で現状を打破していくためには、脳のＯＳを転換していく「脳マネジメント」が必要です。そのために、誰にも共通する３つのステップを一つひとつ読み解いていきたいと思います。

少しでも実践し始めると、見逃していたサインに気づくことができたり、そもそも取り組もうとしていたことを再考できたり、実際には目の前の景色が変わらずとも、効力感を取り戻し、色鮮やかな手応えを持って本来の力を取り戻すことができるようになります。

「すぐにできること」から始めよう

ただし、物心ついたときから無自覚なメカニックビューに触れて生きてきた私たちですから、「脳のＯＳを一気に転換しよう！」と考えても、ハードルが高いと感じる方も多いでしょう。前章でも紹介した「現状維持のためのホメオスタシス（生体恒常性）」が働いてしまうからです。

そこで、まずはカチコチに固まった脳に揺さぶりをかけながら、牙城を一つひとつ崩していくために、「準備運動」を行う必要があります。先述の3つのステップを実践する前に、すぐにできる2つのアクションワークによって、脳をほぐしていきましょう。

①あるもの探しをする

前章では、毎秒2000万（4億ともいわれる）ビットも入力された情報を、毎秒2000ビットという約1/1000にまで絞り込むRASのフィルターはどんなふるいをかけるのか、脳が省エネモードであると「ないもの探し」に固定化しがちであることを見てきました。これを変えるには、「あれがない／これがない」から、「あれがある／これがある」と、「あるもの探し」へのシフトを試みることが有効です。

たとえば今、この瞬間でいうと、「本を読む時間と力がある」「安心して過ごせる家がある」「『～がある』と気づける観察力がある」……などと、「ある」と認識できることを片っ端から洗い出していけると思います。ただ思い描いて数えていくのもいいですが、ノートとペンを使って書き出すのもおすすめです。このワークは、結果的に「有り難い」と「感謝」の感情に繋がっていくのも特徴で、この感情を含めて脳をしなやかにイキイキとすることに繋がっていることを体感できるはずです。

②いつもと違う体験をする

繰り返しますが、脳は省エネモードに陥っていると、「いつもと同じ」を反射反応的に繰り返してしまいます。ここに、「いつもと同じ」と表される自分の日常に気づくことができたら、新しい選択に変えることもできます。

たとえば、通学通勤路のルートを変えてみたり、利き手じゃないほうの手を使ってみたり、いつもは行かない場所や食べないもの、着ないもの、読まないものなど、「いつもと違う」と自覚的に選んでその体験を味わうことも、カチコチ脳をほぐす重要な一手となります。

＊

もしもあなたが、これら2つのアクションもやってみようと思えないほど面倒だと感じていたり、やろうと思ってもできないという気持ちと実行力とにギャップがあったら、要注意です。心や身体が弱っていたり、疲れていたりするかもしれないからです。自身の消耗感や枯渇感に気づいたら、それは「エネルギーチャージ」が必要なサインです。本章の最後には、エネルギーチャージのための日常生活の工夫をまとめましたので、参考にできるところから取り入れてみてください。

この2つの準備運動が対症療法的なワークとすれば、本章の冒頭で紹介した3つのステップは、さらに根本的な体質改善を図る、脳のＯＳ転換を目指すアプローチです。一つひとつ見ていきましょう。

ステップ1：気づく
――4つのフレームワーク

最初のステップは「気づく」で、これによって「無自覚の自覚」の範囲と深さに対する解像度を上げていきます。「セルフアウェアネス」とも呼ばれ、近年に広まった「マインドフルネス」「メタ認知」も、同じく「気づく」ためのアプローチといえます。私たちはあらゆる「知覚」について、自分の「外側」にばかり目を向けるほうが圧倒的に多く、自分のことに目を向けることに慣れていません。「自分のことが一番わからない」というのが世の常ともいわれます。

さらに「気づく」とは、ありとあらゆる「違い」「差分」を扱うことでもあるのですが、脳が省エネモードでは不利なクセが発動します。たとえば、次のようなクセが挙げられます。

- 「違い」となるとすぐに優劣や善し悪しのジャッジが入ってしまう
- 「違い」＝間違い、場違い、エラーと自動変換して、まっすぐ客観的に扱いづらい
- 「違い」の中でも、数字や言葉にしづらいわかりにくさ、多様な微細さがあると、「なかったこと」にしてしまう

図4-2 「自覚」のポイント

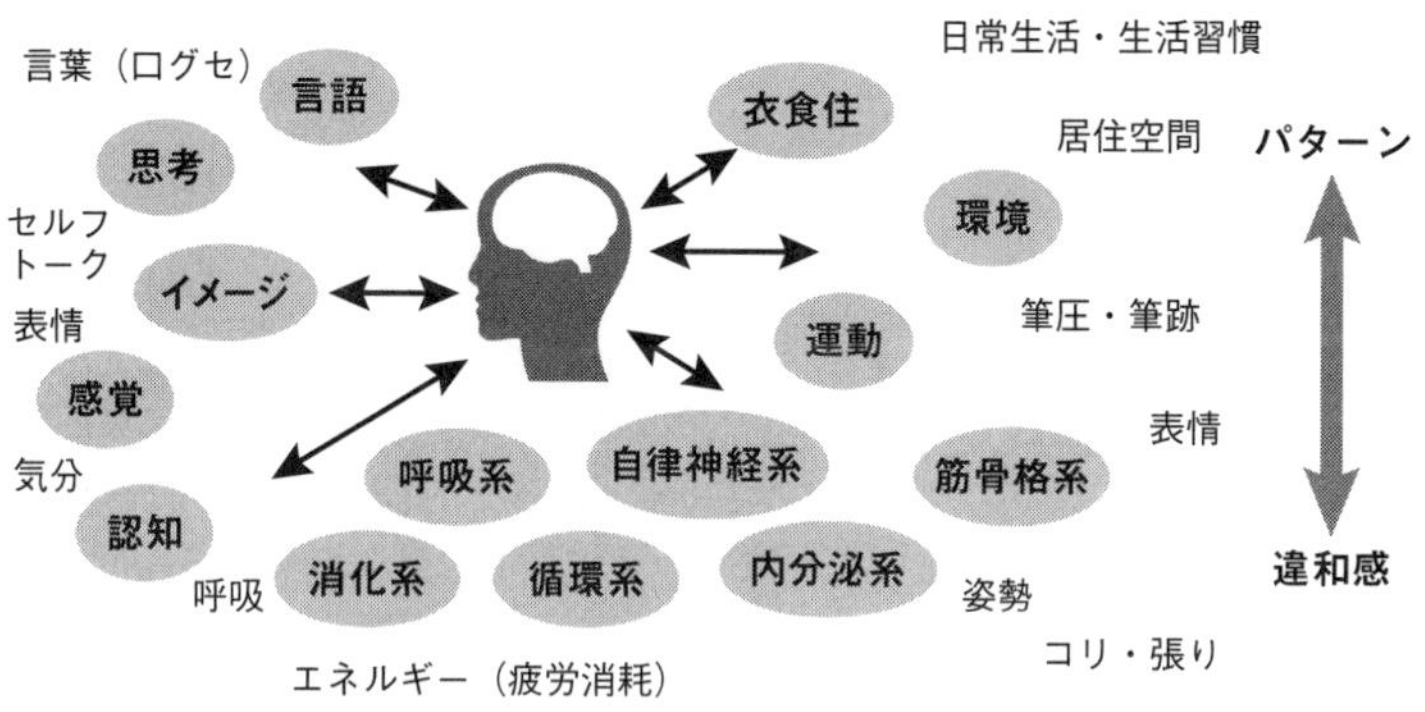

このように、脳の持つクセが「気づき」のブレーキとなる事象が溢れているのです。

それらの事象を越えて、特に自身についてありとあらゆることに「気づく」ことで、「自己理解」が深まります。後ほど紹介するツールも駆使しながら、自身が押し込めて「なかったこと」にしていた本音や感情を紐解いていくと、自分自身にかけるまなざしが「自己受容」となり、よりノンジャッジメンタルな「ならではの力を発揮しやすい自身の状態」をつくっていくことに繋がります。

それでは、どんなことに「気づく」ことが、この一歩に繋がるのでしょうか？　脳は幅広い領域を範疇とするため、いくつかのフレームを使って多様な種類の気づきを得ることがとても大切です。カチコチからしなやか、イキイキといった大きなものさしを横にして持つイメージで、自分が今この瞬間、どんな状態なのか、無自覚であったことに自覚的になる幅も広げていきましょう。

具体的には、身体感覚や姿勢、表情、感情、エネルギー状態、言葉（ログセ）、思考（パターン）、環境認識や働きかける意欲など、多岐にわたるジャンルに「気づき」の領域が広がっています。

さまざまな気づきを通じて自分の理解を深められれば、続くステップ2「働きかける」において、「何をどのように働きかければいいのか」についての視座を得ることができます。つまり「気づく」とは、続く「働きかける」の土台となるステップなのです。

ときに、このステップの過程で自分が疲れていたり、自身のエネルギー状態が消耗していたりといったことにも気づくでしょう。エネルギーはすべてのアプローチに不可欠ですから、それが不足している場合は「エネルギーチャージ」というアプローチが必要となります。これについては本章の最後でお話ししましょう。


あらためて自分自身に目を向けたときに、あなたは何に対し、どんなことに「気づく」でしょうか？　痛みや熱さなどの感覚、姿勢、身体の強張り、お腹の空き具合や疲れ具合など感覚的な部分は、比較的容易に気づけることかもしれません。ただし、ログセなどの言葉遣いや感情、思考、思い込み、価値観……と、自分の内的な世界にさらに潜り込んでいくと、なかなか気づきづらく、扱いに慣れないものが増えていきます。

そこでまずは、感覚を含めて身体という器について気づくアプローチについてお話ししましょう。

姿勢や表情は、感情や思考と連動していることが知られています。つまり、姿勢や表情が凝り固まって硬直した状態だと、視野も無意識のうちに狭くなったり、思考が頑なになったりといった変化を及ぼします。そのため、姿勢や表情をいかに伸びやかに、朗らかに保つかがポイントとなります。

ただし、自分の姿勢や表情は、鏡でもあれば別ですが、普段の生活では見えないものです。ですから、自分の姿勢や表情がカチコチの状態であることに気づかないまま、それが無自覚にクセとなっていることも少なくありません。

次のことに目を向けてみよう

- □ 姿勢 猫背になっているかどうか
- □ 姿勢 座り方が前のめりになっているか・逆に背もたれに寄りかかっているか
- □ 表情 口角が下がっているかどうか
- □ 表情 眉をひそめているか・眉間に皺が寄っているかどうか
- □ 表情 スマホばかり見て下を向いているかどうか

姿勢や表情の無自覚に気づかないままでいると、知らず知らずのうちに繰り返し、固定化し、それが常となって根づいてしまいます。さらに、このように根づいてしまう姿勢や表情の多くは、気分を下げたりパフォーマンスを悪くしたりと負の影響をもたらします。それが繰り返されることでさらに脳の「省エネモード」が加速し、メカニックビューが強化されてエネルギーを消耗してしまう……という悪循環が続いていきます。
これはひとつの例ですが、この身体面、特に筋骨格系についての無自覚さは比較的容易に気づけるもので、脳マネジメントの第一段階となります。

1 「刺激と反応」モデル

ここでさらに一歩踏み込んで、感情、思考、思い込み、価値観といった自分の内的な世界に気づくための補助線、アシストとなるようなアプローチをご紹介しましょう。「刺激と反応」モデルというフレームワークです。

私たちは、日々無自覚にありとあらゆる反応を無数に引き起こしています。先に挙げた感情や姿勢、言葉などもそのひとつの表れです。その反応を一つひとつ紐解いてみると、何らかの刺激をきっかけとして引き起こされていること、さらにその多くの反応が、間髪入れず自動的に引き起こされていることに気づくでしょう。

自分が、どんな刺激に対してどんな反応を引き起こしているか？——このフレームワークを使って、自分自身に起きていることを観察してみましょう。この観察こそ「メタ認知」と呼ばれるものです。

自分がどんな刺激に対してどんな反応をしているか、繰り返している反応のパターンはないかといった情報を集めていくと、自分が持っている価値観や固定概念などの理解の解像度を上げることができます。

「刺激」には、人の言葉や表情、行動など日々起きる出来事、環境や状況的なものなどが

図4-3　自分の「アップダウン」に目を向ける

1　自分のアップダウンの反応が、どんな刺激によって引き起こされているのか、見える化してみよう

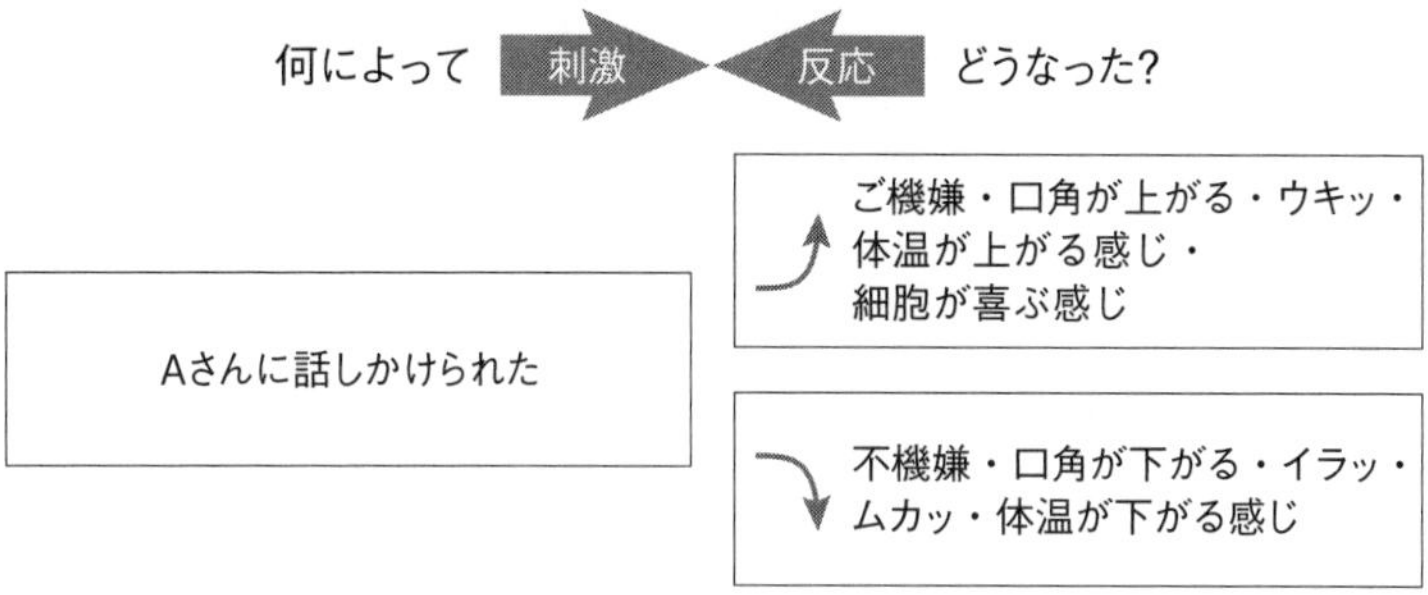

相当します。その刺激によって引き起こされる「〇〇とは〇〇に違いない」といった解釈や、それに伴う感情や感覚が「反応」に当たります。具体的な例で見てみましょう。

「あの人に話しかけられる、イラッとする」という場合、「あの人に話しかけられる」が刺激に、「イラッとする」が反応に当たります。自分の刺激と反応に対する解像度が低いのであれば、「あの人に話しかけられると、いつも私はイライラしてしまう。だからあの人が嫌い」といったように、引き起こされた自分の反応にレッテルを貼ったり、属人的な好き嫌いに結びつけてしまいがちです。

この場面を一歩引いて観察すると、「あの人がこのように発言した」という事実＝刺激に対し、「自分を責めているように感じて、腹が立った」という反応は、「自分サイドの解釈」という反応であることに気づくでしょう。すると、「腹が立つ」ではない別の解釈や反応を、自分の意思で自由につくって選べ

図4-4　自分の「刺激と反応」に目を向ける

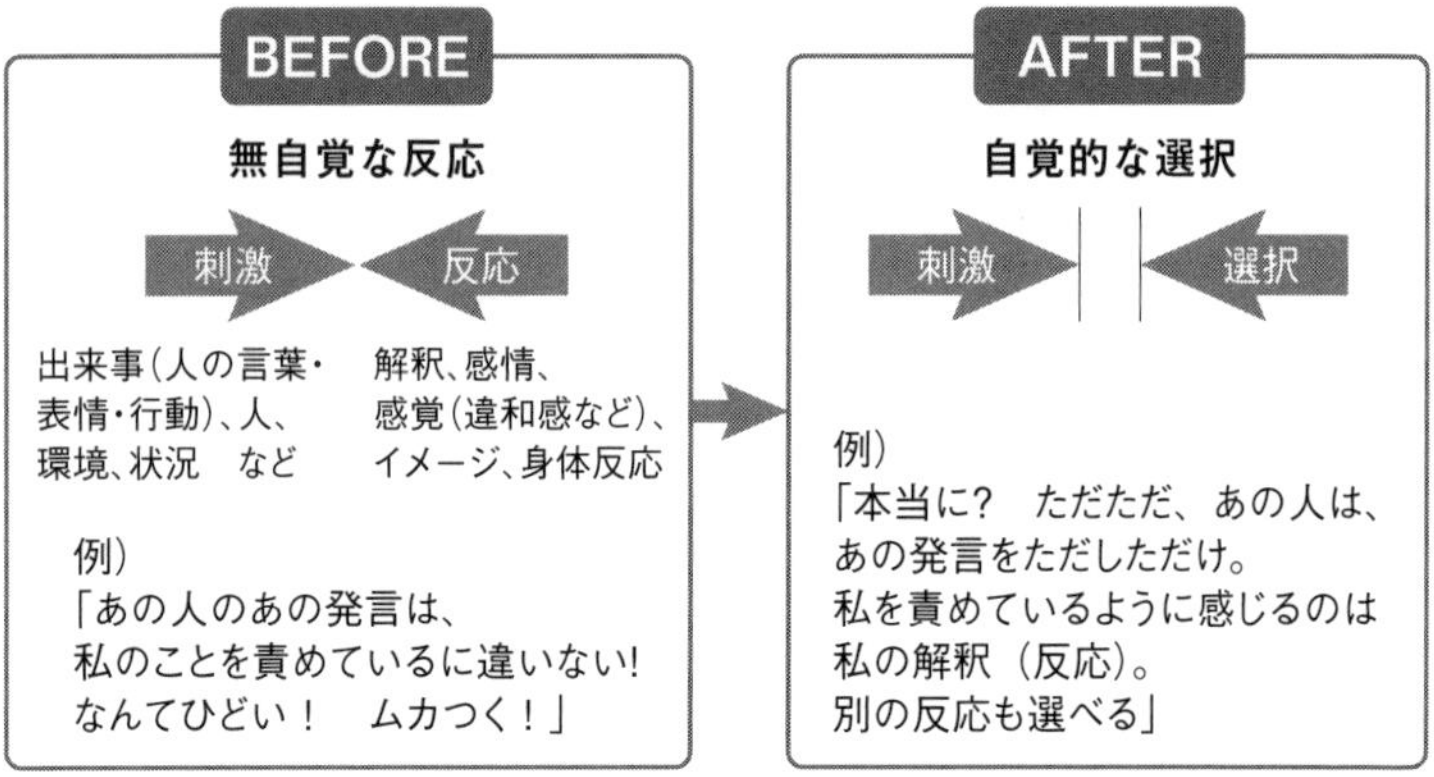

るようになります。

この「刺激と反応」の構造を理解した途端、刺激と反応の間に「すき間」が開きます。刺激に対してすぐさま反応するのではなく、意図的にすき間をつくることで、脳のクセが自動的に発動するのを抑えることができます。

これによって、それまでは「こう言われたら怒る」「こういう態度をとられたらイライラする」などと無自覚に反応していた刺激に対しても、別の反応を自覚的に選べるようになり、さらに、それまでの当たり前だった反応に対して「本当に？」と疑問を投げかけることができるようになるでしょう。

このように、自分に起こった反応や、その向こう側にある刺激との関係に目を向けて「気づく」ことで、これまで自分の中にはなかった「反応」を選ぶこともできます。

図4-5　刺激と反応の間にすき間をつくる

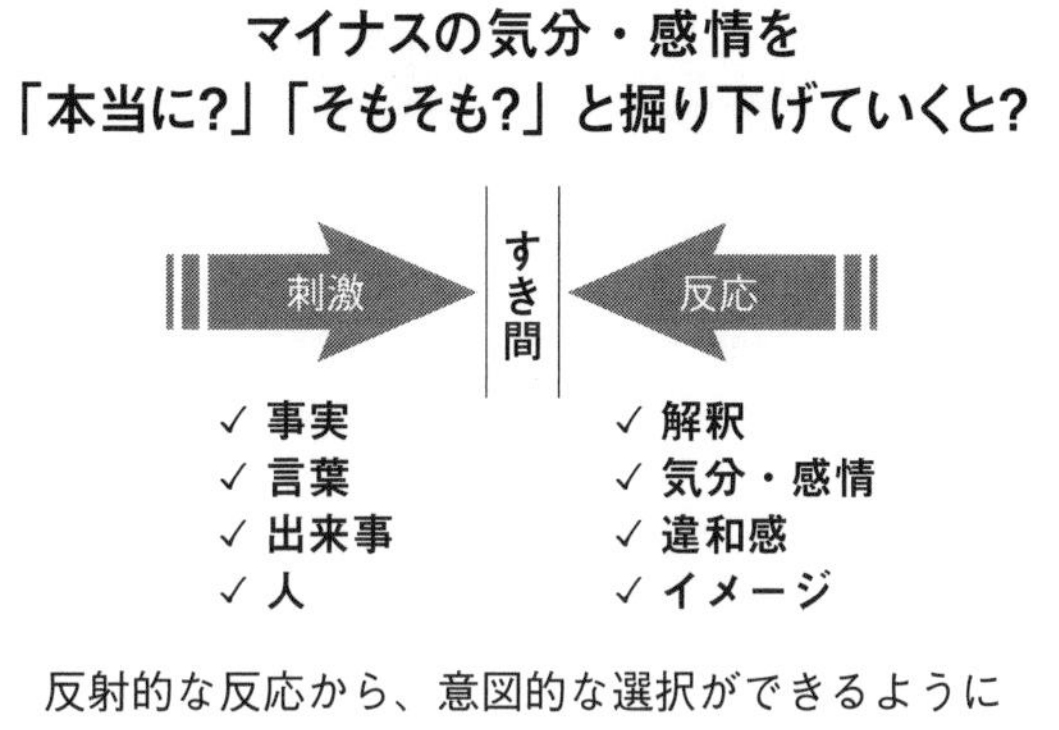

こうして反応を自覚的に選択できるようになれば、人生を大きく変えることにも繋がっているのです（図４－５）。

いちどすき間をつくることができれば、あとは簡単です。たとえば、自転車は乗れるようになるまでが長いと思いますが、いちど乗れるようになると、あとは無意識に乗れるようになり、乗れないほうが難しい、という状態になりますね。それと同じで、いちど「すき間をつくる」ということを習得すれば、あとは自然と容易にそれができるようになるのです。

2　「ＡＢＣ理論」モデル

さらに、「私たちの反応として起こす行動の背景には、何らかの信念・考え方が横たわっている」という認知行動療法から生まれた「ＡＢＣ理論」という考え方もあります（図４－６）。

図4-6 「ABC理論」モデル

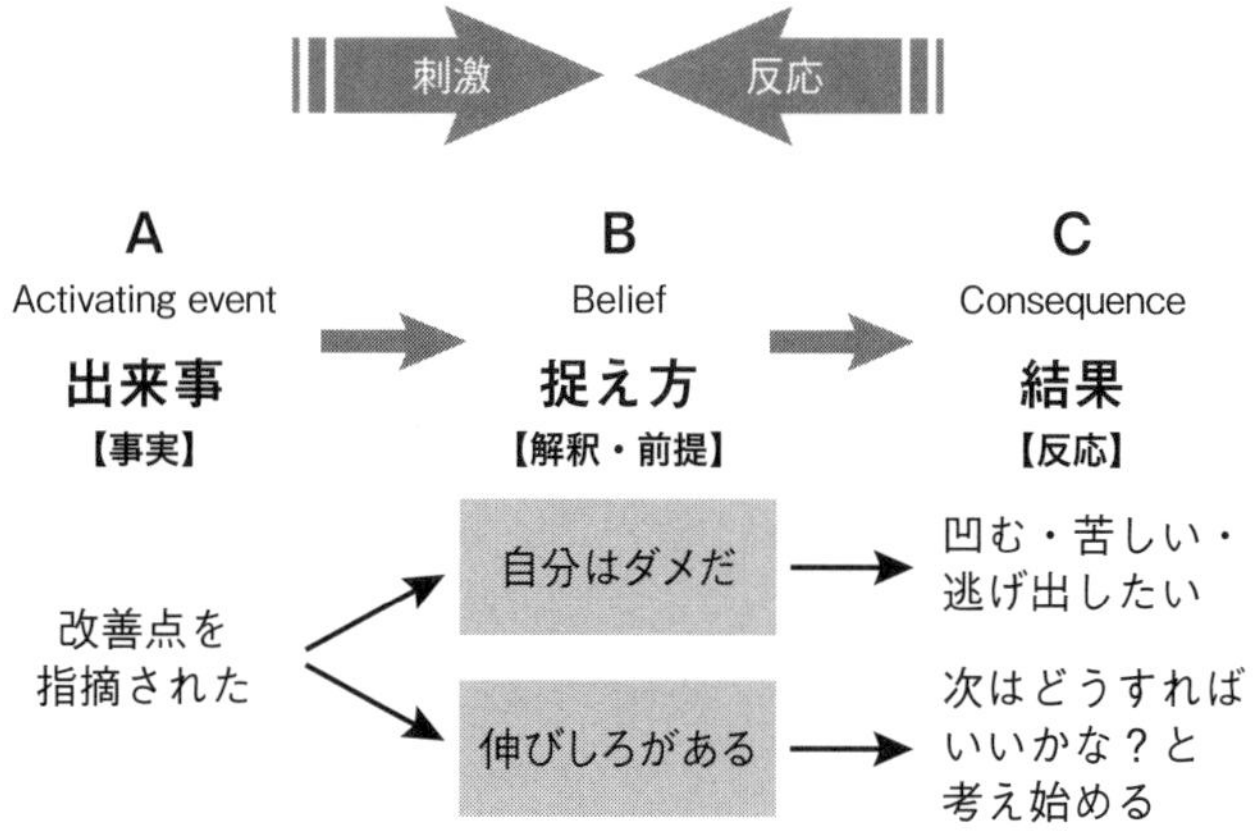

※認知行動療法の中核的な実践理論のひとつ

ABC理論では、図4－6の「A」は「出来事（Activating event）」で「C」は「結果（Consequence）」ですが、この「A」と「C」の間に「B」が介在しているとされます。「B」とは、「○○すべきだ」「○○せねばならない」「○○するのが普通／正解だ」といったような、「これはこういうものだ」といった「捉え方・解釈・前提（Belief）」を指します。同じ出来事があっても、背景にどのような捉え方や解釈、前提や定義設定を持っているかによって、引き起こされる結果が変わるのです。

「刺激と反応」モデルをより紐解いて、「A：事実・事象」と「C：反応」の間で間髪入れずに発動されている「B：解釈・信念・思い込み」を自覚化できると、無自覚にパターンを繰り返すことから脱却する糸口にもなります。

まずは「刺激と反応」のフレームワークでご自身を省みてください。それができるようになったら、今度はもともと持っている思い込みを洗い出すために、さらにもう一歩踏み込んで「ＡＢＣ理論」を活用してみましょう。自分の内的な世界で起きている思考・感情を読み解くアプローチは続きます。ぜひチャレンジしてください。

3 ジャーナリング

次に「ジャーナリング」というワークを紹介しましょう。これは「脳の中の言葉」に着目するためのアプローチです。

私たちが実際に口から出す言葉は、脳の中で生み出される言葉のほんの一部にすぎません。口から出す言葉以上に、脳の中ではいろんな言葉が行き交っているのです。しかし、脳の中の言葉は、いつ言ったのかもわからないくらい、言ったこと自体にも気づかれないことが多く、放置されがちです。

脳の中には、行動するにあたってそれがよいか悪いか、正しいか正しくないか、といったように、ジャッジする「検閲者」が存在します。これはいわば「ジャッジメンタルな批判者」で、メカニックビューの持ち主であれば、この検閲者の力は非常に大きくなります。「こんなことをやっても意味はない」「どうせ失敗する」「人と違うやり方は間違っている」といった具合です。

ジャッジメンタルな思考から脱しようと思っても、最大の障壁になるのがこの検閲者です。メカニックビューや無自覚なジャッジメンタルは、自分の中の検閲者による「自己検閲」という装置によって生まれます。あなたが前に進みたくても進めないことがあるのは、脳の中の検閲者がブレーキをかけているからなのです。

脳の中の言葉を自覚するために有用となるのが、「ジャーナリング」です。これは、頭に浮かんだことをそのまま紙に書いていくという作業です。「脳の中の実況中継」というイメージで、「セルフトークチャッター（脳のつぶやき）」ともいわれます。

ジャーナリングをすれば、脳の中の言葉や自分の考えていることが可視化されます。ビジネスシーンでも注目が高まっており、自己認識を高めて心身の健康を取り戻すマインドフルネスのワークとして、世界のトップエリートも実践する手法です。創造性を発揮し、明確な答えのない中から新しいものを生み出そうとしているアーティストの多くも、ジャーナリングを推奨しています。

その有用性はさまざまな本で述べられていますが、ベストセラーになったジュリア・キャメロン氏の『ずっとやりたかったことを、やりなさい。』では、真っ白いノートに「朝5分間」「10分間」などと決め、脳に浮かんだ言葉を書いていくという「モーニングページ」をすすめています。これはまさにジャーナリングと同じですね。

ほか、ピーター・エルボウ氏の『自分の「声」で書く技術』でも、脳の中の検閲者を黙らせる「ライティング」について語られています。ちなみに、同書の原題は『ライティング・ウィズアウト・ティーチャーズ（教師なしで書く）』です。同書の中で、エルボウ氏は書くことに対してブレーキがかかる人に、どうやったらブレーキを外せるかを指南していますが、やはりモーニングページと同じく、「書き直さずに全部を書く」とすすめています。

ジャーナリングによって、脳の中の声はすべて、まるで実況中継されるかのように表出されます。こうして意識的に自分の脳の声を書き出していくと、脳がだんだん疲れてきます。最初は脳内の検閲者が批判的なことを言っていても、しだいに黙ってくれるようになるのです。すると、「自分はもともとどうしたかったのか」など、検閲者に押し込められてきた本音が表に出やすくなって、「気づける」ようになるのです。

ここで、ジャーナリングのより具体的な方法を見てみましょう。

やってみよう！

①とにかく頭に浮かんだことをノートに書いていく

※文章の組み立てや論理立て、誤字脱字などは一切気にしなくてＯＫ

②書き出したものに、事実には直線を、解釈には波線をそれぞれ引いていく

まずは、頭の中や心の中にあることを全部、目の前のノートに書き出してください。書き始めるタイミングとしては、何もないときにやるよりも、イライラしているときや何かに怒っているときなど、平常心ではないときのほうが放出しやすいと思います。誰にも見せないというルールのもと、書いてみましょう。手が止まってしまうならば、「何を書けばいいかわからない」と、まず書き出すことから始めてみましょう。頭の中、心の中の言葉とノートの上に書き出された言葉が同期していくのを実感できるでしょう。

書き出した結果を見てみると、大まかに「事実」と「解釈」に分類されます。たとえば、「怒りで手が震えた」というのは事実。一方で、「あの人は、いつも嫌な言葉で周りを困らせていて、みんなに嫌われているだろう」というのは解釈です。

書き出したことを事実（直線）と解釈（波線）に分類していくと、「これははたして事実なのか？」「自分が勝手にそう解釈しているだけではないのか？」と、客観的な視点で立ち止まって考えることができます。すると、「あのとき、あんなふうに反応する必要はなかったな」「こういう言い方もあったな」と、自分の行動の改善点に気づき、これからの行動を変えることができるでしょう。

ジャーナリングには、脳というコンピュータのCPUが空くというメリットもあります。脳に溜まっていた言葉を放出すれば、重くなっていた脳のメモリーをクリーニングすることができます。そしてメモリーが空けば、また新しい情報が入ってくるようになります。

ジャーナリングにおいて重要なのは、自分がイライラしている、違和感がある、理由はわからないけど重たさを感じるなど、自分のあるがままの状態に気づいてあげて、認めてあげることです。メカニックビューの脳は、単純な「良い／悪い」で自分を判断しがちですが、「あるがまま」を受容するホリスティックビューの視点を意識的に取り入れてあげましょう。

この「あるがままの受容」は後述する「ノンジャッジメンタル」でもあり、人間にとって極めて重要なスキルなのですが、残念ながら日本のビジネスシーンでは、そのスキルはあまり重視されていないというのが実情です。私は、企業内の研修などでもジャーナリングを行ってほしいのですが、今のところジャーナリングを取り入れている例は珍しいようです。パーソナルな領域を過分に含んでいるからかもしれません。

組織は人間の集合体ですから、ときとして感情的なぶつかり合いが発生します。しかしジャーナリングを通して自分の感情を可視化し、「自分がイライラを感じるのは、いつものパターンのときだ」などとイライラの要因や構造が見えるようになれば、イライラの自動発動の頻度を抑えることができ、より望ましい行動に結びつけることができるでしょう。

私たちの脳は、「イライラ」という反応が起こったとき、イライラの原因を追求するよりも「こんなイライラさせる発言をしたあの人が嫌い」といったように、「イライラを感じた相手の好き嫌い」と「相手の人格」とを結びつけてしまう傾向があります。「自分の反応」と「相手の人格」をごちゃ混ぜにして捉えてしまうのです。そんな状態で相手のいいところを見るのは無理な話です。

それをジャーナリングによって「イライラした」という事実を分解し、原因と結果、刺激と反応を細かく見ていくと、次のように解析することが可能です。

①私はAさんが嫌いで、話しかけられるとイライラする
←
②なぜAさんが嫌いなのか？
←
③なぜなら、突かれたくないポイントをいつも指摘されるから

↓
④なぜ、いつも突かれたくないポイントを指摘されるのか？
「突かれたくないポイント」はどこか？

↓
⑤「突かれたくないポイント」は、報告をおろそかにしていること
なぜそれを突かれるのかといえば、前にAさんに報告をせずにいて叱責されたことがあって、以降、Aさんは自分の行動を細かくチェックするようになった。自分はAさんに叱責されるのが嫌で、話す機会をなるべく減らしたいから報告するのが嫌になり、それで報告を後回しにして、結局叱責されることが多くなる

　このように細かく解析していくと、単に「嫌いだから」という理由でAさんに対してイライラを感じているのではなく、「自分自身が報告をきちんとできていない」という事象を後ろめたく思っていることが、根本的な原因にあることがわかります。

　これを理解すれば、「報告する」という行動を起こすことで、Aさんに叱責される頻度を減らせて、「話しかけられるとイライラする」という無自覚に繰り返していたパターンを脱却することができるでしょう。

　同時に、ジャーナリングによって自分が普段から大切にしている価値観やこだわりが見えてくることもあります。いずれも頭の中や心の中の声をなかったことにせず、可視化、自覚化しながら扱うおもしろさを味わってみてください。

図4-7 「4方向」モデル

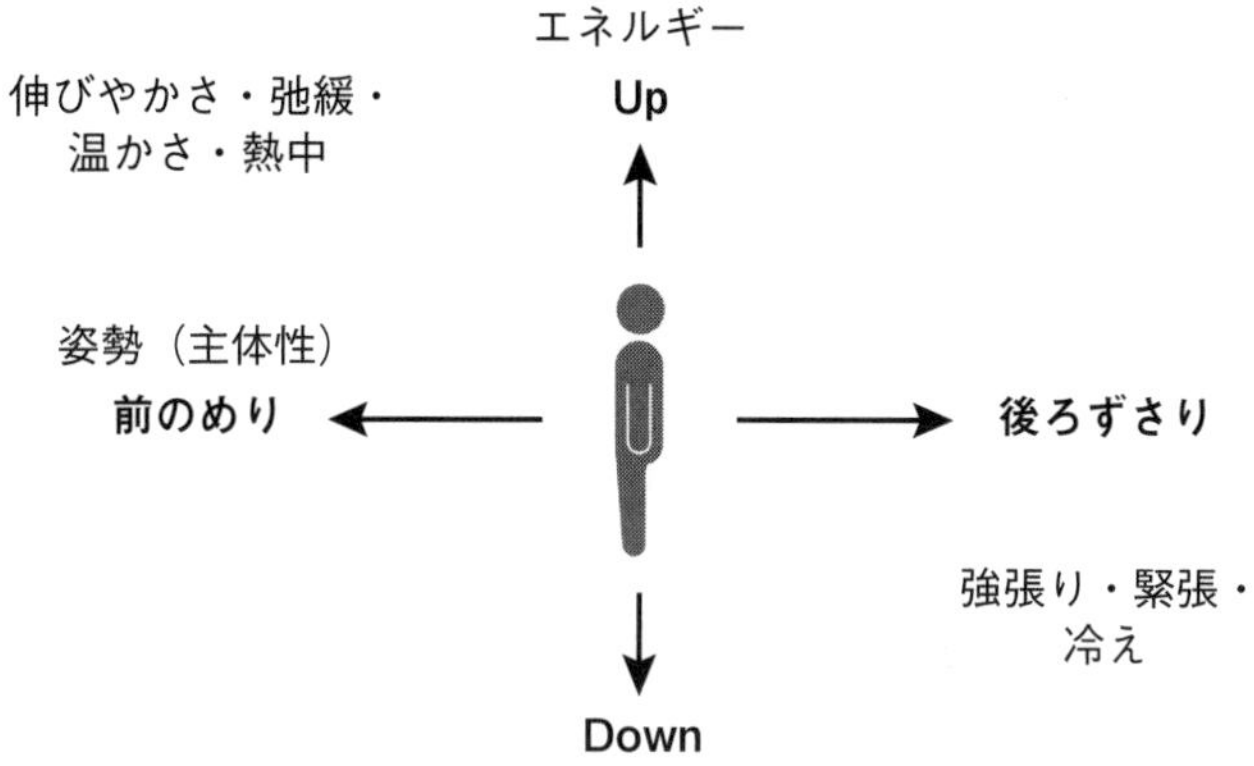

4 「4方向」モデル

「気づく」というフェーズでもうひとつ重要なのは、「向き」です。自分の状態に「前のめり」「後ずさり」「アップ」「ダウン」の4方向を見出すと、さらに効果的です。

「刺激と反応」のフレームワークにも関連しますが、自分に起こった身体的な反応の中には、大まかに「前のめりか／後ずさりか」、「上がっている（アップ）か／下がっている（ダウン）か」の4方向に分けることができるものがあります。前者は主体性についての示唆が得られる部分で、後者は「エネルギー」に関わる部分です。

この向きに目を向ければカチコチかしなやかかの気づき、「無自覚の自覚」をより促し、これによって次なる手立て「働きかける」が可能となります。

●主体性にかかる「気づき」

前のめりになっているときは、物事を「自分事」に捉えていて、当事者意識を持っている状態です。逆に後ずさりになっているときには「他人事」で、批評家意識が立ち現れます。

主体性は、自分の生存に関わることを優先順位高くして抽出するRASの機能でもあり、一方で次の働きかけとして、RASの焦点を変える「言葉遣い」や「問い」を使えば、主体性をもマネジメントすることができます。詳しくは、第5章の対人コミュニケーションのお話でご説明しましょう。

主体性には2種類あり、「みんなの主体性」と「個別の主体性」に分かれます。前者は「自分のみならず、多くの人が共通して前のめりになれること」で、他者と共有できる主体性といえます。後者は「自分しか前のめりになれないこと」で、その人「ならでは」の個別の主体性です。

たとえば、物事のプロセスを共有すると、自分事にしやすく愛着も湧くようになる、という「プロセスエコノミー」の原則は「みんなの主体性」を引き出しています。一方、「私はこのスポーツ選手のこのプレーのこの瞬間に飛び上がるほど気分が上がる」といったように特定の嗜好は、「個別の主体性」によるものです。

この主体性の2分類を理解しておくと、自分ならではの特徴を摑むことができます。そして、それを3つ目のステップ「体現する」に活かすことができるのです。また、この2つの主体性を理解しておくと、第5章でお話しするチーム・組織における脳マネジメントもよりスムーズに行うことができます。

●エネルギーにかかる「気づき」

上がっているときというのは、「わくわく」「うきうき」していたり体温が上昇していたりで、文字通り「アガる」ときです。これは、エネルギーが十分に満ちている状態でもあります。一方で下がっているときは気分が沈んでいて、エネルギーが不足している状態です。

「これをすると自分の状態がよくなる」という、いわば「自分のトリセツ」が増えていけば、後述するエネルギーチャージにも活かすことができます。

「気づく」のポイント――「ノンジャッジメンタル」

こうしてありとあらゆる自身の状態に「気づく」と、ときには人には言えないような悪口を頭の中で言っていたり、やめたほうがいいとわかっていることを繰り返していたり、「〇〇してしまった」と後悔することがあるかもしれません。特に、「イライラしたり違和感を持つのはネガティブなことだ」と形容し、それをなかったことにしたり、避けたほうがいいものとして扱うケースが多いようです。

しかしながら、あなたが「〇〇してしまった」と後悔したり、「またジャッジメンタルになってしまった！」と自分を責めたりすることも、私たちに非常に大きな影響を及ぼします。それは「ジャッジメンタルであるべきではない」という「べき論」に立脚して、ノンジャッジメンタルにできなかったことをまた責めてしまうジャッジメンタルは、「二次ジャッジメンタル」と呼ばれます。

気づかないうちに自分を責めるクセは、一次、二次ジャッジメンタル、いずれであってもその要素が心や身体のエネルギーをどんどん消耗させてしまいます。

単純に「ジャッジメンタルになるべきではない」と考えるのではなく、どんな形であれ自分の無自覚なジャッジメンタルを受容することが大切なのですが、ジャッジメンタルがクセになったメカニックビューの場合、この罠を脱するのがなかなか難しいのです。

メカニックビューの脳は、なにかにつけてジャッジメンタルを発動し、「こうしなければならない」「こうあるべきだ」「これは良い／これは悪い」という思考を繰り返します。こうして脳は、私たち人間を機械の部品のように「替えが効くもの」として扱いやすくする反面、人間の個性や主体性を、独自性、創造性と共に押し込めてしまっていることになります。

何かを「こうだ」と決めつけたり、「良い／悪い」と優劣をつけたり責めたりする「ジャッジメンタル」であることを止めること——すなわち、**ノンジャッジメンタル**に向かうことが、脳マネジメントやそれぞれの「ならでは」の力を発揮することにおいては、とても重要となります。

ステップ2：働きかける――5つプラスαのフレームワーク

「気づく」の次に続くのは、「働きかける」というステップです。価値観や思い込みなど、自己の理解を深めたうえで、自分自身を望ましい状態に向けて適切な働きかけをしていくアプローチです。先の「気づく」のステップで目を向けた領域（姿勢、表情、呼吸、感情、エネルギー、言葉、思考、環境）は、まさに「無自覚の自覚」の先に、働きかけて変化をつくることができるものとなります。

そして何よりこの「働きかける」のステップは、「どうすることもできない」という無力感から、「気づかないことは変えられないが、気づきさえすれば変えられる」となり、やがて働きかけ自体が「できることがある」というシグナルとなって、自身の効力感を育むステップ、エネルギーチャージをするステップともなっていきます。

ここにおいても前章で挙げた7つの脳の資質を踏まえて、カチコチな脳からしなやかでイキイキした脳へと向かうことを主眼に、話を進めていきましょう。ここでは5つの「変える働きかけ」を紹介します。

1 言葉遣いを変える

脳の中の言葉を含めて、自分の口グセや言葉遣いを見つめれば、自分の思考がジャッジメンタルになっているかどうかがわかります。

誰しも口グセはあるものですが、意外と自分では気づかないものです。まずは、自分が普段どういう言葉遣いをしているかに意識を向けてみることが大事です。特に重要なのが、会話の最初の言葉です。

たとえば、あなたは次のような対話シーンを見たことはありませんか?

A「明日の打ち合わせ、1時間くらいを想定しておけばいいですよね?」
B「いや、まあ、そのくらいだと思いますね」
A「……。あの部長が出るから、もっと長引くかもしれませんね」
B「いや、本当そうなんですよね〜」

この場合の「いや」は否定語ではなく感嘆詞的に使われていて、相手を否定する意図はありません。しかし第3章で述べたように、脳は「自分に向けられた言葉」と「他者に向けられた言葉」を区別しませんから、AさんもBさんも「いや」という否定表現によって、「自分は相手に受け入れてもらえていない」という反応を自動的に発動させてしまいます。

Bさんとしてはこの口グセに気づいておらず、無意識に発言しているだけで、まさに無自覚です。Bさんは、この口グセをいちど認識すれば、会話の最初に「いや」と言ってしまうたびに言い直したり、あるいは口に出す前にあらかじめ言い換えられたりできるようになります。そしてこれを続けるうちに「『いや』という言葉を使わない自分」に慣れていき、だんだんそれが自然となり、定着していきます。

自分のログセを知るきっかけとしておすすめなのが、オンライン会議です。会議の録画を見れば、自分の話す姿を客観的に見ることができ、ログセに気づくことができるはずです。録画でなくとも、打ち合わせを録音しておいて音源を聞き直すという方法も有効です。あるいは、近しい人に「自分のログセって何？」と直接聞いてしまうのもひとつの手。家族や親しい同僚に聞いてみれば、意外な発見があるかもしれません。

自分のログセとして、みなさんの中には無意識のうちに、「どうせできない」「無理だ・難しい」といった言葉を脳内で使っている人がいるかもしれません。そうした場合、まずは自分の脳内のログセをしっかり自覚してみてください。もしもこうした言葉がログセになっているのなら、そうした言葉を使わなくてすむ、言い換えの表現を用意しておきましょう。「チャレンジングである」「のびしろがある」などの言葉を私は活用しています。自分の脳に働きかけましょう。新しいことやイレギュラーなことに直面したときに、「できない」「無理だ」を自動的に発動するクセを、言葉を変えることで取り去っていくのです。「できない」「無理だ」を使わないことによって、「自分にも何かを変えられるんだ！」と、自己効力感が高まります。

2 姿勢を変える

姿勢にも、あなたの脳のクセが発現しています。すでにお話しした通り、思考と身体は密接な関係にあります。自分の姿勢や表情にいちど気づけば、たとえば猫背を治してみたり口角を上げてみたりと、その場で変えることが可能です。これは身体系の特徴のひとつで、これによって気分やパフォーマンスも変えることができ、好循環に繋がります。

具体的には、まずは「姿勢に目を向けてみる！」と決めてみてください。忘れっぽいタイプの人であれば、「姿勢！」と付箋に書き、デスクや壁などに貼ってみるのもおすすめです。

さらに、自分の姿勢に気づいた瞬間、姿勢を正すことが多くなると思いますが、変えたことで感覚や気分にどんな変化があるかを味わってみてください。ただし、「また悪い姿勢をしていたのに、気づかなかった……」と自分を責める必要はありません。無自覚に自分を責めてしまったら、「責めなくて大丈夫」と上書きしてください。

この「味わった変化」を言葉にして書いてみると、さらに効果的です。すると一つひとつの気づきの解像度が高くなります。ほかにも、ストレッチをするタイミングを決めるなどして、体が凝り固まりづらい環境づくりも心がけてみましょう。

3 呼吸を変える

呼吸の深さも、自分の脳や心の状態と連動しています。呼吸は、リラックスしているときには深くなり、緊張しているときには浅くなります。

ビジネスの場で自分の呼吸を意識してみると、浅くなっているのであれば、それをもたらしている何らかの刺激があり、それに対して「浅い呼吸」という反応を自動発動させている、と気づくことができます。それができれば、刺激となっていたことを向き合って、「自分を萎縮させるような誤った思い込みがないか」と自分の内側を掘り下げていくところまで取り組んでみましょう。さらに、意識して呼吸を深くすることで、心身の状態を変えることができるでしょう。

また、メカニックビューになっている場合には、身体が萎縮して呼吸が浅くなりやすいという特徴もあります。たとえば会社では、上司と部下との間に上下関係があります。その上意下達の構図ゆえに、部下サイドに「言われたことをやればいい」という思考停止状態を引き起こすことも、しばしばあります。だから、どんなに優しい上司であっても、何かを言われたり指示をされたりすると部下サイドは何らかのストレスを感じ、呼吸が浅くなりがちです。

この「上下関係」は、メカニックビューの視点に基づいた見方で、両者の関係性を「上／下」という二項対立でしか捉えていません。この場合、部下サイドは「上司の言うことは聞くものである」というジャッジメンタルな反応を自動発動させており、その「上司の言うこと」が良いのか悪いのかを考えようとしていません。まさに省エネモードの脳のクセです。

こうした場合には呼吸が自然と浅くなりますから、職場で自分の呼吸が浅いことに気づいたら、メカニックビューに侵食されている恐れがあるなと気づくことができるでしょう。

4　表情を変える

自分の表情にも、脳のクセが顕著に出ています。普段、自分の表情を見ながら話すことなんてなかなかありませんが、実は口角をキュッとあげるなど、ひとつ表情を変えるだけで、「個人」の心持ちやモードが変わるという好循環を起こすことができます。

これも「ログセ」と同じく、オンライン会議で自分のクセを把握することができます。私自身、他人からは自分がどういうふうに見えているのか、オンライン会議のモニターを通してはじめて知りましたが、とても興味深い発見がたくさんありました。聴き入っているときに険しい顔をしていたり特に眉間にシワを寄せたりしていると、真剣なだけであっても話に同意していない印象を与えます。自身の表情に自覚的になって自ら意図を持って変えていくと、自分の気持ちだけでなく周囲の人にも影響を与えられることに気づきます。

ほかにも、毎朝、洗面台の鏡に映った自分の表情をじっくり見つめる、という方法も試してみてください。自分がどんな表情なのか、「素」がよく見えると思います。そのあとは、鏡の中の自分と目を合わせてにっこり笑ってみてください。これは、「笑顔」という表情をすることは、自身の気分を変えるだけではなく、その表情を鏡を通して自ら目撃することで、自分の状態をしなやか・イキイキへと方向づけることができるのです。

5　見立てと設定を変える

図4－8は、先述のＡＢＣ理論の再掲です。常日頃から、どう自分の見立てや設定にア

図4-8 「ABC理論」モデル（再掲）

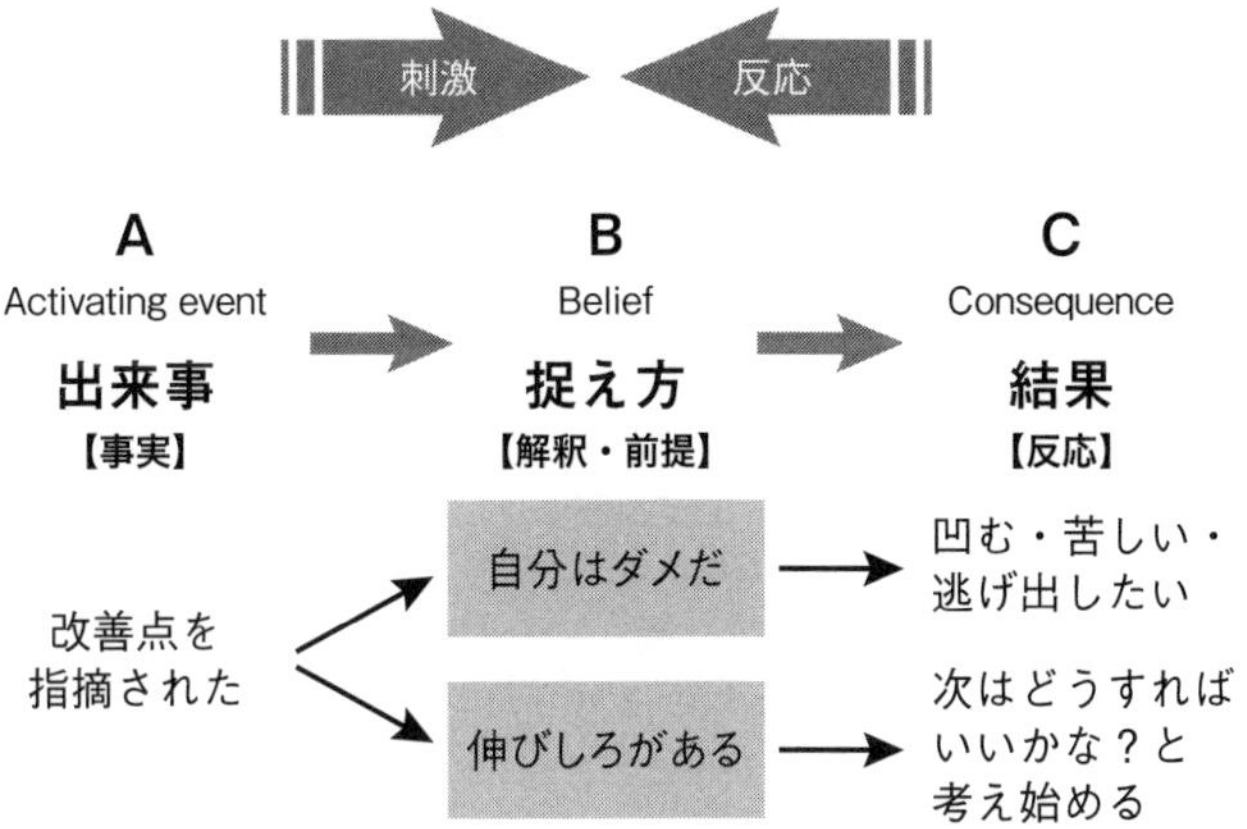

ンテナを張って、前向きなエネルギーの生じるほうを選択し続けるか、という視点で振り返ることができます。見立てや設定は「B」にあたりますが、捉え方を変えるのも脳マネジメントにおいては有用です。

たとえば、「誰かに改善点を指摘されてしまった」という場合。それを「ダメ出しされてしまった」と捉えれば落ち込んでしまいますが、「改善すれば変われると期待されている」と捉えることもできます。これは個人の「解釈」に委ねられる部分です。

「自分はダメだ」と捉えると、苦しくなったり逃げ出したくなったりするものですが、「自分には伸びしろがある」と考えれば、「改善するためにはどうすればいいか？」と前向きなエネルギーが生まれます。

「働きかける」のポイント――効力感の植え付け

ここまで「働きかける」の5つの領域を紹介しましたが、働きかけにおいて最も重要なのは、どんな小さいことであっても「できることがある！」という効力感を自分に植え付けることです。

先述の「刺激と反応」モデルの話で、「すき間をつくる」という話をしました。すき間ができると自分自身で反応を選択できるようになります。「自分で選べる」ということを実感してその選択による変化を味わうことで、脳に「できることがある！」を植え付け、効力感を高めていく――これが「働きかける」の最大のポイントとなります。

たとえば、「いつもの自動発動のままのリアクションではないこと」を選ぶことができた、自分の脳や身体に対して何らかの働きかけができたなど、「できることがあった」という経験を自覚し、「自分にはできることがある」というメッセージを脳に刻み込んでいくのです。いわば自己暗示に近い感覚です。

ここで大切なのは、脳にその成功体験をしっかりピン留めすることです。というのも、省エネ志向でサボりグセのある脳は、「なかったこと」にしようとする働きがあまりにも強いからです。

そこで「今、自分はこれができた！」とピン留めするかのように意識づけを行うこと、自分の脳にログ（記録）をとることで、成功体験が記憶に残りやすくなります。脳の中を膨大な情報が流れていく中で、「できた」というくさびを打っていくのです。

第３章でお話しした「格子図の丸」も、これに近い作用といえます。脳が各所の黒い点（●）を「なかったこと」にして流そうとするのを、丸を付記することでピン留めしているというわけです。

ただし、成功体験を脳にピン留めすることができても、脳は無意識的に「この体験は、いつでもまたできるだろう」「この体験は、ほかの体験とあまり変わらない」などと認識しようとして、どんどん忘れようとしてしまいます。

この脳の作用を、例を挙げて説明しましょう。たとえば、あなたが何か調べものをするときに、スマホで調べるか紙の辞書で調べるかで、調べたことを記憶するかに大きな違いが出ます。

東北大学加齢医学研究所の研究によれば、人間はスマホで調べたときよりも、紙の辞書で調べたほうが脳の前頭前野がよく働くことがわかっています。これは「デジタル性健忘」と呼ばれます。つまり、ネットで調べた情報に対しては、脳は「簡単に調べられるから、忘れたらまた調べればいいや」と考え、最初から記憶することを放棄してしまうのです。

これに対し、紙の辞書で労力をかけて五感を活用して調べたときには、脳は「イベントフルな体験」として記憶に定着しやすいのです。

何かの物事を脳に記憶させようとしても、自覚的にかつしっかり教え込まなければ、毎日のさまざまなルーティーンの中でそれが埋もれてしまい、脳に「なかったこと」にされてしまいます。そうならないように、脳にしっかり刷り込んでいきましょう。

その「できた！」という「成功体験」を味わうことも大切です。いわば「変化を味わう」

図4-9　ストーリーの原型

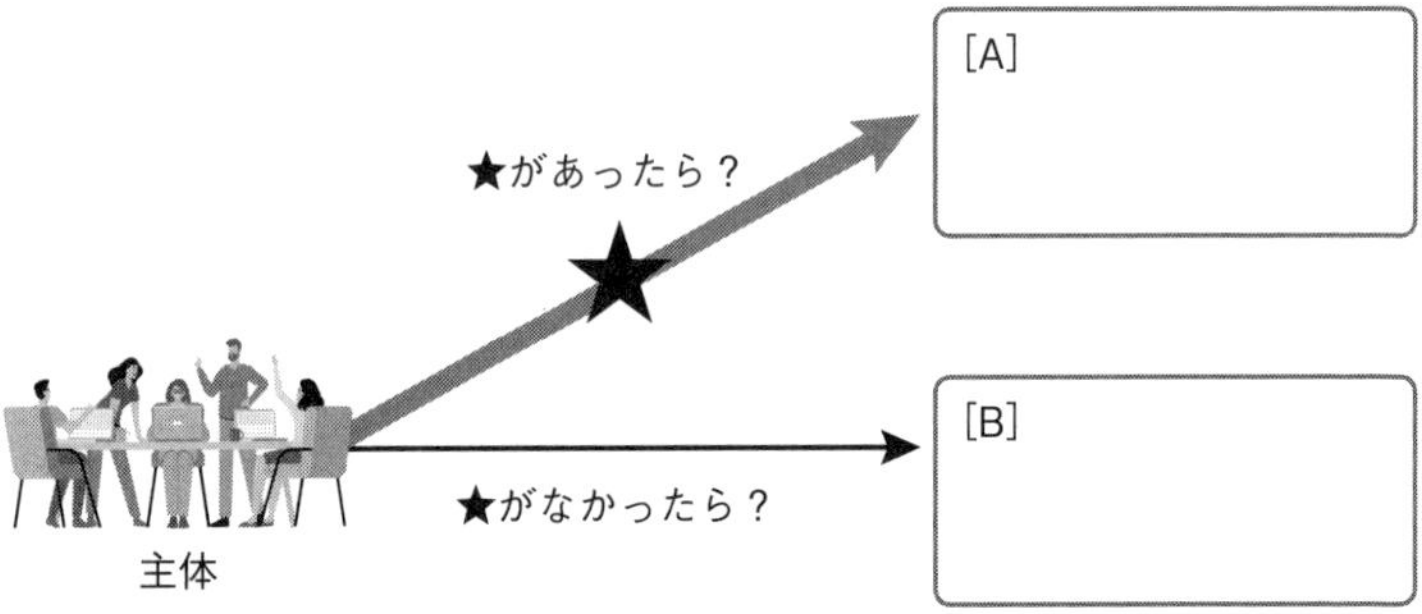

「このまま★の成功体験がなければどうなっていたか＝未来：B」になるところを、「今回のチャレンジや成功体験で★という手立てやチャレンジをしたことで至った未来：A」に向かうことができた、と可視化

ともいえますが、ほんの小さな変化でかまいません。「自分は変わった」「自分は変わることができた」「今までと違うことを自覚的に成し遂げた」という変化を自分の中でなぞり、しっかり味わってください。それが「自分は変えられる」という自己効力感の向上に繋がっていきます。

ちなみに、このピン止めにもつかえる万能ツールが、**「ストーリーの原型」**です。

これは、脳の言語とも呼ばれる「ストーリー」が人類の知恵の伝承において重要なツールとなることを示しており、脳がストーリーに駆動されることを活かしたフレームワークです。多彩な使われ方があるのですが、その中でもシンプルにあらゆる「差分」「違い」を言語化、可視化してピン留めするのに有用です。

ここでの「働きかける」によって、もともとどんな状態だったものが、どんな変化をするのか？（Before－After）――感覚的なことや曖昧なこと、どんな微細なことでも、何もしなかったとき［B］とは違う何かが生まれている［A］という前提で、「なかったことにしない」方法として活用してみてください。

第3章の「脳の7つの資質」にもあったように、無力感は心身のエネルギーを消耗させ、カチコチ状態に向かわせてしまいます。どんなに小さなことでも「できることがある！」と自身に暗示をかけるほど、自覚的に一つひとつ働きかけをしていくことで、無自覚なメカニックビューを少しずつほぐしていきます。

ステップ3：体現していくこと――3つのフレームワーク

ここまでの2つのステップで、「無自覚の自覚」によって、自動発動する脳の働きと自身の反応を解像度高く受け取り、働きかけることができるようになります。それは、自身の独自性や創造性を阻む思い込みやクセ付いた口調や姿勢などを手放していくこと（クリアリング）と、自身ならではの資質を摑み純度を高めること（チューニング）の2つの効果があります。

前者の手放すものの多くが、世間の常識や他人からの期待や要請に応えること、外発的動機の元となっていることであったりします。自覚が困難な深層での自覚やリフレーミングが必要なので、いちど「できた！」と思ってみても、また新たな気づきから掘り下げられる、といった構造となっているのです。

この「手放すこと」を丁寧に扱っていくと、本来の自身が大切にしたかったことなど、自分ならではの独自性を支える資質が浮き彫りになります。

3つ目のステップでは、より手放していくものを手放し、摑んでいくことを統合して体現していくこと――すなわち「体現していくこと（エンバディ）」に取り組み、誰も代わりができない「あなた」を発揮していきます。これによって、カチコチからイキイキへ脳のOSを転換していくことができます。そして同時に、物事に主体性を持って現実を創造していけるようになるのです。まさに「大切なことを大切にする」ための大事なステップといえます。

「体現」とは、いわば「自分の人生を生きようとする態度」「生きざま」であり、自分のいのちや人生に手綱を持つことそのものといえます。ここから、この「体現」に繋がる具体的なアプローチを3つ紹介しましょう。

1 自分の大切にしたいことを自覚化して、「自分ならでは」を見つけていく

人は1日に、数千から数万の意思決定をしているといわれます。大小様々な選択があり

ますが、何を基準にどんな選択をしているのでしょう？　多くの選択は、脳が省エネでありたい圧力もあって、無自覚なまま「なんとなく、いつも通り」に偏ったままになされているかもしれません。

しかし、ステップ1や2を通じて自己理解が深まっていくと、「自分にとって何を大切にしたいか」といった価値観や、「これを選ぶと力が湧く」といった情熱の源のようなもの、さらには強みや嗜好、瞬間瞬間の自分が持つ衝動、欲求などが織り混ざって、何をどうするかの選択を決めていけることにも気づけるでしょう。それぞれ、日々のリアクションから自己発見しながら、自覚化して「だから、これを選ぶ」という選択を重ねていった先に、「自分ならでは」の独自性を発揮することができるのです。

この自己理解で人生を形づくっていくためには、どうしてもその解像度を深めることが重要となります。たとえば、この3ステップを学んでいたある受講生さんは、「人生に欠かせないほど『スポーツ』が好き！」と言っていたのですが、「数あるスポーツの中で、特にどんなスポーツが好きか？」についてはこれまで無頓着だったと言います。たとえばサッカーであれば、観戦するのが好きなのか、プレーをするのが好きなのか、戦況や選手を分析するのが好きなのか。観戦するにも一人で観るのが好きか？　大勢と盛り上がるのが好きか？――などなど、数多の関わり方の中で特に心が湧くものがあるはずです。

これには、「名詞」ではなく「動詞」に注目して自分の萌えポイントの解像度を高めていくのがおすすめです。細やかに自身を理解することで、それをどう活かすか――キャリアを考えるときなどに活かすことができます。

ほかにも、『「強み」を自覚すると、幸せが9・5倍になる』といった研究があります。これはポジティブ心理学の分野で定義された「人が活躍したり最善を尽くしたりすることを可能にさせる特性」という意味の「強み」についてです。3年にわたる世界規模の調査研究結果をもとにVIA-IS（Values in Action Inventory of Strengths）※という測定ツールも開発されています。ステップ1と2をスキップして、こういったツールを通じて自身についての特性を自覚した場合に、「どんな選択ができるか？」「どんな変化をつくれるか？」を細やかに読み取っていくことから、「自分ならでは」を見つけていくこともできるでしょう。

※無料で「強み」がチェックできるサイトです。海外のサイトですが、左上の「言語を選択」で日本語にすれば、日本語で受けることができます。http://www.viacharacter.org

自分に対しての解像度を高めるというのは、何歳からでも取り組む意味があります。私自身、東大入学に向けて「勉強を頑張る！」という道を通ってきましたが、同窓生を含めて、他律的に「よいと言われている道」を進むことにばかり努力していたり、求められる基準に合わせようとばかり頑張っていたりすると、「自分のことを知る」と言う領域のセンサーが鈍くなってしまうことを痛感しています。

「本当は、あなたはどうしたいの？　どうなりたいの？」と聞かれたときに、自身の本音からの声がわからなかったり、予想外のキャリアや意外な展開になったときに、「自分って何だったっけ？」と、アイデンティティ喪失の感覚に襲われたりもします。あなたが何歳であっても自身に目を向けて、その心や身体がどんなことに自然と向かっているのか、力を注いでも消耗せず、むしろ力が沸き立つようなサイクルに入れるのかを探求することが求められているのです。

2 一つひとつ丁寧に意図を持った選択を重ねて、「自分ならでは」を形づくる

もうひとつは、日々取り組むときにそのつど意図を持つということです。「自分はこの先の成果がほしいから、今はこれをする」というように、一つひとつの行動に明確な意図を設定してみてください。たとえば休むときには、「また休んでしまった……」と後悔する場面もあると思いますが、そのような休み方ではなく、「自分はエネルギーをチャージするために、この時間は休む」と決めて休むと、心や体をしっかりチャージすることができます。「なんとなく」で行動してしまうと、そこには絡み合うさまざまなジャッジメンタルが隠れてしまいます。「意図を持つ」の上級編として、「自分がなぜそれをやるのか」あるいは「やってみたいのか」と、自分の人生を「自分主体の物語」にするというフレームワークです。

いきなり「自分主体の物語」を完璧に話すのは難しいと思いますが、まずは自分の人生に対して「自分はこの会社で、こういう仕事しています」ではなく、「自分はこう生きていきたいから、この会社で、こういう仕事をしている」というように、自分の意図を明確に言語化し、あらゆる行動に主体性を持つようにしてみてください。

難易度が高いのであれば、「人生」ではなく「１日」で考えてみましょう。私はそれを

「旗を持つ」と表現していますが、たとえば「今日はこういう1日にしよう」と決めて1日を過ごし、1日の終わりにそれが実際どうだったかを振り返ってみてください。

「一日一生」という考え方がありますが、「いつもどおりの毎日」とあいまいな認識のままで生きていると、ただ日々が流れ、あっという間に時が経ってしまいます。そうではなく、「自分はこれが好きなんだな」「自分はこうするとやる気が出るんだな」と、自分に対する理解を深め、「自分はこう生きたい」という意思や意図を持つことで、日常に生かして、日常の質を変えていくことができるのです。1日も長く感じて忘れてしまうようであれば、「これから1時間は」「これからの5分間は」と凝縮してもかまいません。

このときに注意したいのは、脳の資質の「見立てしだいでパフォーマンスが変わる」という点です。同じ5分間という時間も、「5分しかない」と思うのか「5分もある」と思うのかで、できることが変わります。物理的に客観的な時間を「クロノス時間」といいますが、その時間概念では、世界中どこに言っても誰にとっても5分は同じ時間です。しかし、「カイロス時間」と呼ばれる主観的な体験としての時間概念では、その人やその状態によって、質的多様性が生まれます。同じ5分でも、濃密で永遠のように思えたり、一瞬のように感じたりするような時間があるのです。

時間についての概念や自身の捉え方も、主体的に選びながら生きていくことができると、さらなる自己決定感を感じながらイキイキとした発想が得られるでしょう。いずれも、意図を持って選択をしていくと、その結果がどうであれ、他人の要望に応じて反応的に過ごしている時には得られない手応えを積み重ねられて、自己信頼も高まります。「自分の時間・空間」という領域を持つ感覚で、他の人や環境に脅かされないレジリエンスも手に入れることができるのです。

ただし、矛盾しているように聞こえるかもしれませんが、あえて意図を持たない（という意図を持った）、ぼんやりした時間や空間も大切です。ボーッと散歩しているときや、コーヒーを飲んで一息ついているとき、とりとめもないことを考えながらシャワーを浴びているときなどに、ＤＭＮ（デフォルトモード・ネットワーク）と呼ばれる神経回路が活性化します。

このＤＭＮは、ボーッとしているときに最も活性化し、何もしていない割に相当量のエネルギー量を消費しています。実は、ＤＭＮがオンになるとより自覚的なホリスティックビューにもなれるということからも、自分の状態を観察しながらＤＭＮを活性化する時間を取り入れることも非常に有効です。

3　すべてを総動員して、「自分ならでは」を自覚的に表現する

３つ目の取り組みは、これまでのステップを総動員して、自ら外側に表現を発していくことです。

「自分は〇〇が好き」「〇〇をしていると力が湧く／胸がおどる／アツくなる」と、自身のコアにあるものを自分自身で発見して活用するだけではなく、それを人に話してみる、アートや文章など形態を問わず自己開示をしていくプロセスです。自身の中だけで抱えていたときとは、また別の景色や感覚を生み出します。

表現の仕方はさまざまですが、たとえば、何かに前のめりになる思いを「プレゼン」することは、日常の中でも発することができる一手としておすすめです。私は、それを「推しプレゼン」と呼んで、映画やドラマなどの作品が、いかに素晴らしいかを共有するライブ配信や、その「推しプレゼン」から自己開示を行っていくアプローチをお伝えするという活動を、コロナ下の2020年から行ってきました。そのときに確信を得たのが、思いと表現が一致したプレゼンは、自分も手応えに震え、聴く人の心や身体を動かすことにつながるということです。「身口意《しんくい》」──思っていること（意）、言っていること（口）、やっていること（身）が調和して一致していることは、密教仏教の修行の柱の一つになるほどです。

この一貫性を紡いでいくことこそ、答えのないVUCAに追われるのではない、自らの決断を正解にするような自身の「Authenticity（オーセンティシティ）」「ならではの力」となるのです。

人生の大切な岐路、何か大事な決断選択をするときや、一世一代の取り組みに踏み出すときには、自分自身のストーリーを発することも大事な体現となります。肩書きや学歴、役職ではなく、「こういう人間で、こういう経験を経たからこそ、こういう学びを得て、今からこういう未来をつくりたい！」という、見栄も嘘偽りもないストーリーをプレゼンすることは、現実を動かす力があるからです。

私は2020年のコロナ下で、「このままの人生で終わりたくない！」という女性たちの人生を懸けたストーリーを紡ぐ講座を開いて伴走をしていました。その中の一人である仙石恭子さんは「そうだ！　地元・和歌山に学校を作る！」と啓示を受けたかのように思い立ち、ステップ１と２にある気づきと働きかけから自己理解を深め、「なぜ私が学校を？　なぜ和歌山に？　それはどんな学校？」と、たくさんのＷＨＹに答える魂を込めたストーリーを練り上げました。そして、紛いなき自身の言葉で発し始めてから4年、絶え間なくストーリーを現実にするための一歩一歩にチャレンジを重ね、仲間を募り、ピンチをチャンスに変えてきた先に、なんと夢を実現しました。なんと２０２５年春、熊野古道に探究型バイリンガル・グローカル・スクール「うつほの杜学園」が開校するのです。

人が身口意に一貫性を持ったときに発せられる力を「オーセンティック・パワー」と呼びますが、脳マネジメントはその探究のために生まれたといっても過言ではありません。カチコチからしなやかに、イキイキに向かう私たちが脳のクセや社会の圧力を超えて発する「ならではの力」の正体は、「オーセンティック・パワー」なのです。

プレゼンやストーリーを発するだけではなく、日々生きていくことが「体現」でもあります。一度、自己理解の先に「これが自分の大切なことだ！　これがチャレンジだ！」と旗を掲げたとしても、不測の事態や現実と対峙するからこそ起きる次の展開によって、新たな気づきと働きかけをさらに積み重ねることになります。その主体的な態度、自覚的なホリスティックビューがＯＳにあるからこそ、突破口を探り、独自性と創造性を発揮していくことができるのです。

「変革の仕掛け人」になるために

ここまで紹介した「気づく」「働きかける」「体現する」という3つのステップは、このように自分「ならでは」の力を発揮して人生の手綱を持つという、一見大きな話に繋がっていきます。実は、自分「ならでは」の力を発揮するというのは、人生が終わるときに振り返り、それができたかどうかを測るものではなく、瞬間瞬間にそれが発揮された状態かどうかを判別できることでもあります。

というのも、このような状態となったときは、身口意一致――思っていること・口にしていることと行動していることに濁りのない一貫性が生まれ、磁場を発したかのように周囲を感動させることができるからです。

「エゴ（自我）」「セルフ（自己）」に続き、この一貫性のある状態を「オーセンティシティ（貫く一貫性自体をオーセティック・パワー）」と呼ぶと、図4－10のように表すことができます。

第3章でお話しした7つ目の脳の資質「周囲と響き合う」というのにも当てはまるのが、このオーセンティシティです。誰かひとりでもこの一貫性を持った存在になると、そのパワーに触れた人はみな自身のオーセンティシティ、本来の自身に立ち返って思い出すかのように震えて、思わず目が釘づけになるなど、感動が瞬間的に広がります。

本章で紹介した3つのステップは、個人における脳マネジメントの基本的なアプローチですが、個人レベルで脳をマネジメントすることで、その力を目の前の人から周囲へと伝

図4-10　氷山モデルとオーセンティックパワー

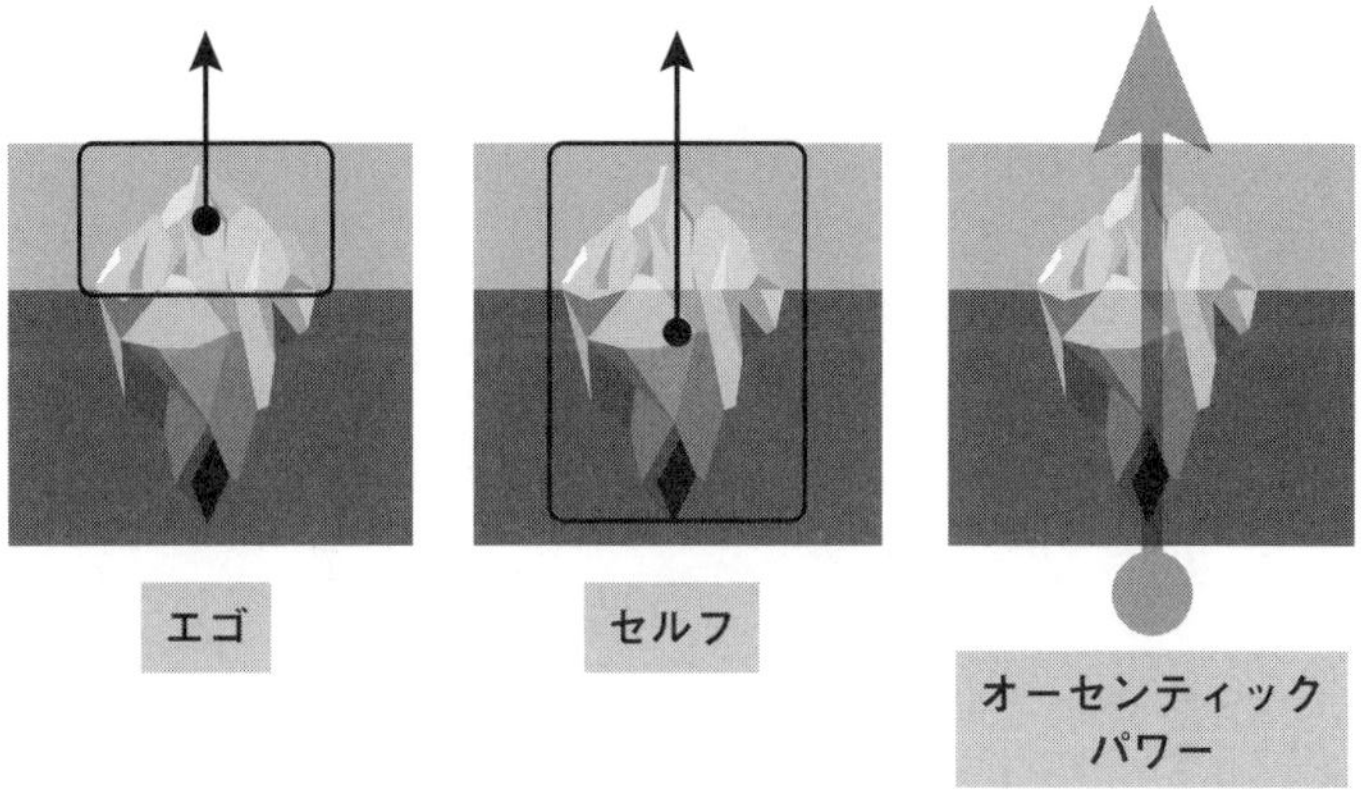

播させていくことができるのです。

ここまで「ならでは」の力と呼んでいたものが、個人はもちろん人の集まり・組織・事業においても発揮される「オーセンティシティ」です。これは「らしさ」と呼ばれる外からの評価ではなく、内的動機と同様、内側から発揮され世に放たれるもの、という理解と確信のもとにあります。この「オーセンティシティ」こそ、独自性と創造性を発揮する源泉となるのです。これは、この20年を通じて私自身が見出し、驚嘆している人本来の力が存分に発揮されたときの一貫性に名前をつけたものです。オリジナルの表現ながら、「イキイキ」と、より独自性と創造性を発揮した私たちの様子について共有できる補助線としてご紹介しました。

エネルギーチャージ

第5章からは、主語が「私」から「私たち」に広がっていくときの「脳マネジメント」についてご紹介しますが、その前に大事な「働きかける」として、「エネルギーチャージ」についてお話ししましょう。

すでに触れてきた通り、脳マネジメントの最初のステップである「気づく」プロセスの中で、自分が今、どんな状態かを把握していくと、ときにあまりに心や身体のエネルギーが消耗しきっていること、疲労困憊なことなどに気づくこともあるでしょう。このようなエネルギーが枯渇していて「もう、どうしようもない……」という状態になっていたとしても、そのことに気づけばそこから脱する働きかけを行うことができます。その働きかけをあらためて「エネルギーチャージ」のためのアプローチとして、大切に扱いましょう。

どんなにバイタリティ溢れる、自家発電的にエネルギーが途切れないような人であっても、内なる自分自身に対してのまなざしを十二分にかけていなければ、あっという間に足元から崩れて倒れてしまうことがあります。「バーンアウト」と呼ばれる燃えつき症候群や、突如として襲われる「アイデンティティ・クライシス」というものもあります。いずれも、誰かのために、と力を注ぐことが得意な人ほどに陥ってしまうという構造が横たわっています。エネルギーは、徐々に枯渇するとは限りません。効力感も肯定感も高い状態だったのに、突如としてバーンアウトしてしまうこともあるのです。

いずれにしても、心身のエネルギーが枯渇するとカチコチ状態に向かわざるを得ません。

エネルギーはすべての土台となるものですから、自分のエネルギー状態に気づくこと、そしてエネルギーをチャージする方法をぜひ知っておいていただきたいと思います。

エネルギーが枯渇している原因としては、身体的なものと精神的なものと、２種類の原因が考えられます。前者の場合、疲労や体調不良、ケガといった要因が挙げられます。たとえば、歯が痛ければ仕事に集中できないし、楽しいはずの食事をとるのも苦痛になってしまいます。そんな状態では、変革意欲も効力感も高めることはできません。この原因のときに最優先すべきは、身体の調子を整えること。疲れをとったり痛みを和らげたりするために手を尽くしてください。

精神的な原因の場合、まずは自分が疲れていることを、自分で認めてあげましょう。そのうえで、どんなに小さなことでも「自分にはできることがある」と、自分の脳に刻んでほしいと思います。エネルギーが枯渇していると、「もう無理だ」「自分にはもう、できることなんて何もない」と思うかもしれませんが、そんなときこそちょっと立ち止まって深呼吸をしてみましょう。そして、自分にできることは本当にないのか、胸に手をあてて考えてみてください。

これらは、いわば「自分に対するいたわり」です。自分の状態に気づいてあげるということは、自分に対しての愛情の表れであり、自分自身が「自分の味方」になってあげることです。

「歯が痛くて、仕事ができないくらいつらい」「こんなに悲しいことがあったから、なにもできないくらいしんどい」というあなたの内なる反応が「なかったこと」にされてしまうと、自分の中の自分が自分を責めることになり、心も身体もますます萎縮してしまいます。

自分の感情を「なかったこと」にしないこと。無自覚な「見えない感情」を自覚すること――これこそが「自分へのいたわり」であり、自分の「あるがまま」を受容するという意味で、脳マネジメントの土台としてのパートです。

ここで、「エネルギーチャージ」の9つのアプローチをご紹介しましょう。

1 自分の呼吸に目を向けて「深呼吸」する

先にも述べた呼吸は、エネルギーチャージにもとても有効です。浅い呼吸は疲れていたり不安になっている証拠です。自分の呼吸に意識を向けたあと、「4・8の深呼吸」をしましょう。やり方はとても簡単です。

最初にゆっくり4つ数えながら吸って、1拍止めて、8つ数えながら吐いていきます。吐き切ると、次に大きく胸の奥まで息を吸い込めるのが感じられるでしょう。その勢いでまた4つ数えながら吸って、1拍止めて、8つで吐き切ります。これを繰り返します。

吸うときは、全身に血が巡るイメージ、吐くときは疲労物質や自分を蝕む感情、痛みなどをすべて吐き出すイメージです。

2 夜、寝る前に蛇口を一拭きする

洗面台や台所の掃除は、疲れているとつい後回しにしがちです。けれど、それが蛇口だけだったらどうでしょうか？　30秒くらい一拭きして水滴を拭《ぬぐ》うだけでびっくりするくらいキレイになる場所です。

おすすめの掃除タイミングは、夜、寝る前。寝る前に一拭きするだけで、翌朝起きたときに、洗面台の蛇口がキラッと光ると、1日のスタートとして幸先がよく、うれしくなってやる気が出ると思います。

「蛇口を拭く」という行為には、たくさんの脳へのサインが凝縮されています。たとえば「自分が一拭きしたからピカッとなった」「自分にもできることがある」ということが、小さな成功体験になります。

さらに「寝る前の蛇口一拭き」は、いわば「明日の自分への応援」でもあります。寝る前に、明日の自分を元気づけるように、蛇口を磨いてあげる——すると明日の自分は、「昨夜の自分」を誇らしく思い、自分が自分の味方であるという確信が得られるでしょう。

3　上を向いて口角を上げる

図4－11に挙げた映画作品のジャケット画像を見てみてください。

- 音楽の才能を開花させた孤児を描いた映画『奇跡のシンフォニー』
- 不遇な環境を乗り越えて歌い手となる女性を描いた韓国ドラマ『無人島のディーバ』

この2作品は、見事なまでにジャケット内の主人公の表情が似ていると思いませんか？

図4-11 「奇跡」を扱う作品の特徴

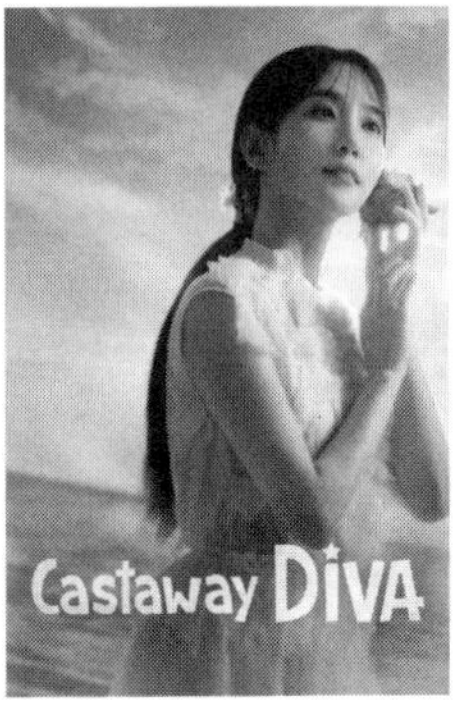

(左)
写真:Collection Christophel/アフロ

(右)
『奇跡のシンフォニー』
Blu-ray:¥4,180(税込)
DVD:¥4,180(税込)
発売元:東宝東和(株)
販売元:ポニーキャニオン

2つとも顔を上に向けて微笑んでいますね。ほか、東京の公衆トイレ清掃員の日々を描いた映画『パーフェクトデイズ』のジャケット写真でも同様の構図が見られますが、作品中にも、同様のシーンが数多く描かれています。これらの作品は、それぞれの「奇跡」が描かれています。上のほうを見ながら微笑むというこの構図には、奇跡を感じさせるような「幸せスイッチ」があると私は考えています。

これに関連して、漫才コンビ・キングコングの西野亮廣氏は、「すり鉢状の観客席の下に舞台があるのか、それとも観客席より高い位置に舞台があるのか。それは、観客席より舞台が高い位置にあるほうがウケる」と指摘しています。人は下を向くと口角を上げづらく、笑いづらいからです。つまり、人は上を向いて高い舞台を見上げたほうが口角が上がり、笑いを巻き起こしやすいそうです。

疲れていたり、気持ちがふさいでいたりすると、私たちは自分を守ろうとするために３Ｆと呼ばれるFight、Flight、Freeze――戦う、逃げる、固まるという防御反応が生じます。中でも、脳も身体も硬直するFreezeに陥ってしまうと、姿勢も背中を丸めてうつむきがちです。そんなときは、「顔を上げてほかの人と顔を合わせるのはしんどいな」と思うかもしれません。

しかし実は、そんなときだからこそ、天を仰ぐかのように顔を上に向けて、気持ちと裏腹でも、口角を上げたほうがいいのです。室内でも屋外でもかまいません。顔を上に向けることで自然と胸も開き、呼吸が深くなり、さらに視界が広くなったように感じます。

下を向いてうつむくほうが楽なときにあえて天を仰ぐという選択をすることで、「自分にも選んでできることがある」というサインにもなります。

4　セルフハグする

理不尽なことに振り回されて、「なんで私ばっかり、こんな目に……」「誰もわかってくれない」と嘆いたりすることは、誰しもあると思います。心も体も消耗していると、感情をコントロールすることができません。すると私たちは誰にも理解されていないような孤独を感じる傾向があります。

そんなときには、自分で自分をギュッと抱きしめてあげてください。このときに「お疲れさま」「よく頑張ったね」など、心の中で自分をいたわる声がけをしてあげると、労りとなり、なおよいでしょう。

小さなアクションですが、「自分に起きていることすべてを、ありのままに受け止めている」というメッセージを、自分に伝えることができます。さらに、自分にとって自分が最大の味方であるということを思い出させるという効果もあります。

5 パソコンの周りや机の上をキレイにする

忙しくて、何から手をつけていいかわからない、結局「あのタスクを完了できなかった」「これもできなかった」とクヨクヨしてしまう——そんなときは、部屋の片づけがおろそかになりがちです。

こんなときにおすすめなのが、よく使う机の上だけでも、数十センチ四方だけでもキレイにするというアクションです。パソコンの周りなどがいいでしょう。ここで「キレイにする」というのは、ブルドーザーのようにモノを端に寄せるだけでかまいません。両腕を輪っかのように組んだときの両腕の中の分だけ、「このスペースだけでOK」と割り切って、モノをなくしてみてください。

目の前のスペースだけでも更地にすると、心がとてもスッキリします。勢いで全部を片づけようとすると余計に疲れてしまうので、片づけすぎないのもポイントです。

これによって、「今の自分でも、周りの環境を変えられる＝できることがある」というサインを自分に送ることができます。さらに、視界からの情報を減らすことができて、目の前の景色が変わるところから、気分が変わるきっかけにもなります。

6 「喉が渇いた」と思う前に水を飲む

誰かのために頑張るのが常で、自分をなおざりにする人は、疲れが癒される間もなく自分を消耗しがちです。水分補給も後回しになって、脱水症状になりやすい傾向があります。

そこで、こまめに水を飲むという方法をぜひやってみてください。「このままだと喉が渇くな」と思ったとき、つまり「喉が渇いた」という感覚が起こる前に、意識的に水を飲むのです。一気に飲むのではなく、少しずつちびちび飲むのがポイントです。

自分の喉の渇きに目を向けてあげることで、自分を気づかい、いたわり、大切にしてあげるという眼差しを自分自身に送ることができます。渇きを放置せずにこまめに水分補給することで、「自分に対してできることがあった」と、小さな手応えも生まれます。

7 食事に感謝する

心も体も疲れ切っていると、栄養の偏った食生活になりやすいですが、そんな中であっても、食事に感謝することで「自分へのいたわり」を表してあげましょう。食べるときには、餌のようにもくもくと食べるのではなく、ありがたみを感じながら食べてみるというチャレンジをしてみてください。

たとえばコンビニのおにぎりひとつでも、「たくさんの自然の恵みと、人の手を介して、今ここにある」と、手元に来るまでの背景を想像してみてください。それだけでも、「ただの食べ物」という見方から「命をいただく食事」という見方に変わるでしょう。

人は何を食べるかよりも、どう食べるかによって、心や体の動き方が変わってしまう生き物です。同じ食事でも捉え方しだいで、心も体も元気にするものとして取り込むことができるのです。

8 あえてボーッとする

目の前のことに反応するばかりで、何とかするのが精いっぱい。心にも余裕がなくなると、考えるのも動くのも嫌になって投げ出したくなる――ときには、そんなこともあるでしょう。

そんなときにおすすめなのが、「今からボーッとするぞ」と意図を持ち、「何もしない時間」をつくることです。

まず、姿勢や表情からなるべく力を抜いてみましょう。同時に、息を吐き切ると、自然と呼吸が深くなります。30秒から始めてみて、10分、20分とできるようになると、さらに効果的です。

先述したように、ぼんやりとしているときに活性化する神経回路を、「デフォルトモードネットワーク（DMN）」といいます。このデフォルトモードネットワークは、自己認識やひらめきに関わっていることがわかっています。ボーッとすると勝手に脳がごちゃごちゃの情報を整理して、新しいアイデアを生みやすくしてくれるのです。脳の疲労回復とともに、心身のリラックス効果も期待できる方法です。

9 殴り書きする

ヘトヘト状態のときは、「気づく」ステップでご紹介したジャーナリングをやろうと思っても、なかなか書き始められないかもしれません。そこで、ジャーナリングの一歩手前の取り組みとして、紙にグルグル、バンバンと、文字だか何だかわからないことを殴り書きしてみてください。もちろん頭の中のことを書き出してもかまいません。

ちゃんとしたノートに書かなくてもかまいません。トイレットペーパーに書いてそれをトイレに流したり、チラシの裏に書いてビリビリに破り捨ててもいいでしょう。目的は、心の中に溜まっているものを吐き出してデトックスすること。書いたものを流したり破ったりすると、書き出したものが体からすっと抜けて消えていく、スッキリした感覚を味わえるかもしれません。

＊

この９つのエネルギーチャージ法の中で、ぜひ自分がやりやすいものから始めてみてください。特に、1深呼吸や2蛇口を磨く、であれば簡単に始めることができると思います。

ここで９つ紹介したのは、ご自身の道具箱に入れておいてもらうことで、いざとなったらこんな小さいことでも「できることがある」と思い出していただきたいからです。今、まさにこのアプローチでエネルギーチャージをすることが必要な方も、すべてを一度にやろうとせず、どれかひとつできそうなことを見つけること、ちょっとでもやってみることから始めてみてください。

私自身、心も身体も悲鳴をあげて、天井に焦点を合わせることすらできなかった日々から抜け出したのは、目の前の蛇口の水滴を拭くというワンアクションからでした。一つひとつを味わい、自分の中で「なかったことにしない」を繰り返したことで、徐々に負荷のあるチャレンジにも手が出るようになり、いつのまにかエネルギーを取り戻せたのです。

私は、「PALs（Programs for Authentic Lives）」という個人が学べる講座や研修プログラムを提供してきました。その中で自分を扱う手立て、そしてその土台となるエネルギー状態に目を向けてチャージする習慣などを持たずにいる人の多さに、正直、驚きました。10年前のどん底にいた自分とも重なり、このエネルギーチャージをお伝えしないわけにはいかないと、このパートを設けました。必要な人に届くことを祈っています。

第5章

私たちの脳マネジメント
――チームや組織が変わる

チーム・組織における脳マネジメントの3つのアプローチ

前章では「無自覚の自覚」を通じて、カチコチ脳からしなやか脳、イキイキ脳となっていくための具体的なロードマップと具体的なアプローチが得られたのではないでしょうか？　次なる舞台はいかに他人とコミュニケーションをとるか、いかに複数人の場やチームをつくっていくか、いかに組織という大きなものを動かして社会や未来に影響をもたらしていくかという、主語が「私」から「私たち」に広がった世界です。

まずは、個人からチーム・組織へと領域が広がっていく脳マネジメントについて、概観していきましょう。

第4章においては、「自分のことは自分が一番わからない」というチャレンジを前提にしていました。本章では「チーム内にどうしてもわかり合えない相手がいて、大きなストレスを感じる」「変革を求める上層部とそれに振り回されて疲弊する現場とで、温度差がある」といった人が、「ならではの力」を発揮し合える環境をつくって共創していくために、さらにチャレンジが続きます。なぜならチームや組織には、「わかり合えない人がいるのに、どうしたらいいかわからない」「自分が何かを変えられる立場じゃないから、変えられるとは思えない」「社会や未来と言われても、壮大すぎて想像が追いつかない」などなど、もと

図5-1　脳マネジメントのゴールと広がり（再掲）

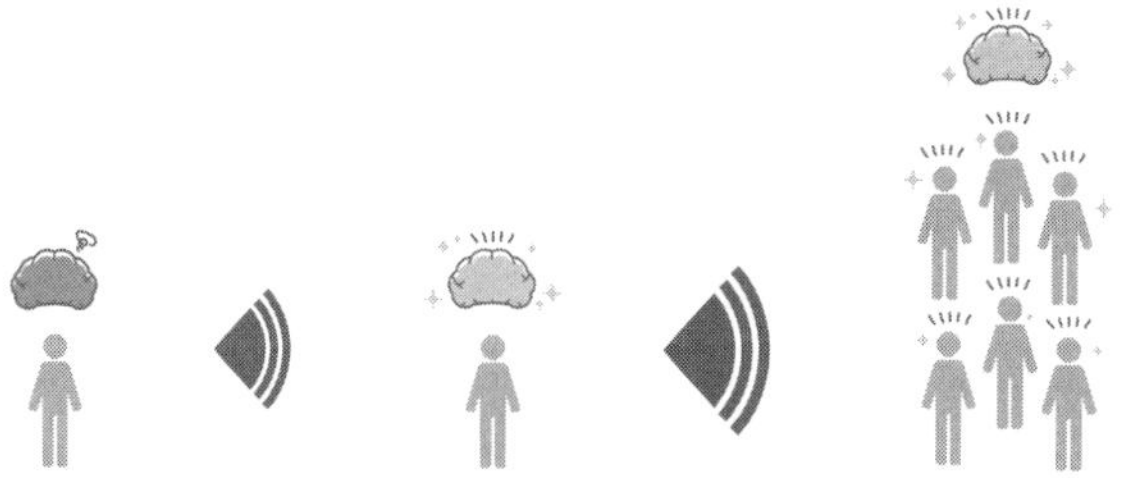

カチコチの状態

**しなやかで
イキイキした状態**

**個人からチーム・組織へと
「しなやか・イキイキ」が
広がっていく**

第4章　個人編

- STEP1：気づく
- STEP2：働きかける
- STEP3：体現する

第5章　チーム・組織編

- PHASE1：対人コミュニケーション・声かけ
- PHASE2：場づくり・チームビルディング
- PHASE3：組織の価値創造や変革

図5-2　チーム・組織における脳マネジメント

PHASE1　対人コミュニケーション・声がけ
他者（周囲）を理解し、他者（周囲）のRASを柔らかくするためのアプローチ。

PHASE2　場づくり・チームビルディング
対話やファシリテーション、プロジェクト協働など、関係の質を高めて創発的な環境を構築するためのアプローチ。

PHASE3　組織の価値創造や変革
数字や表立った言動ではなく、内発的動機や組織文化など、「見えないもの」を効果的に扱い、組織の独自性と創造性を高めるためのアプローチ。

もと「どうしようもない」という無力感が蔓延りやすい条件がそこかしこに現れるからです。

最初にここまでのおさらいとして脳マネジメントの全容と、本章で扱うアプローチを見てみましょう（図5－1、5－2）。

組織の価値創造や変革

本章で扱うのは、対人・場づくり・組織における脳マネジメントのアプローチです。第4章でお話しした自分自身に対する脳マネジメントは、ほかの誰でもない唯一無二の「自分自身」が、本来の「ならでは」の力を取り戻し、それを発揮して生きていくことに繋がっていきます。そして「ならでは」の力は、どんな環境で、どんな関係の質をつくっていくか、どんな社会との繋がりを持つかによって、発揮の仕方が変わっていくものでもあります。

そこで本章では、3つの異なる領域――「対人コミュニケーション」「場づくりやチームビルディング」「組織変革」のそれぞれの場面における脳マネジメントの活かし方について見ていきます。最近実践した個人や企業、行政での脳マネジメントの取り組み事例も紹介するので、閉塞感のある現場に「できることがある（かもしれない）」という新しい風を呼び込むきっかけとしていただけたらと思います。

1　対人コミュニケーション・声がけ

自分ひとりだけものの見方がアップデートされていても、目の前の相手が頑固にメカニックビューな言動をするのに対峙することがあるでしょう。あるいは、「何かを変えたい」と行動を起こそうとしても、火がついているのが自分だけであれば、摩擦や抵抗が生まれて「自分ばかり」と疲弊してしまったり、言葉を尽くしても批判にしか受け取られず、感情的な攻撃ともいえる反応を返されて思わずこちらも言い返しそうになったり……。もしくは黙り込まれて話が続かない、といった場面に出くわすこともあるかもしれません。普段のコミュニケーションですらなかなかわかり合えないのですから、何か変革を起こそうというときには、なおさらです。

相手との間に無自覚なメカニックビューが存在していると、「何を言ったところで仕方がない」という決めつけが横行する、あるいは「ああ言えばこう言う」といったような、それぞれの正義や正しさを振りかざすラリーの応酬が止まらない、ということが起こります。さらに、「わかってくれない」「わかるはずもない」と、相手に対して勝手に持った期待に振り回されたり、「言った」「言わない」の水かけ論になったり……。あらゆる違いが耐え難いストレスになって沈黙し、コミュニケーション自体をあきらめるといった状況に陥ってしまいます。こうして脳のみならず、関係性もカチコチになってしまいます。

結果、お互いにエネルギーを消耗し合い、さらにより深いメカニックビューに埋もれてしまうという負のループに繋がります。

そんなカチコチの関係性を揺さぶりたいとき、つまりメカニックビューの相手とも建設的なコミュニケーションが必要なときに、私たちにできることはあるのでしょうか？

そんな状況を「どうしようもない」とあきらめるのではなく、「できることがあるかもしれない」と思えるように、今、本書を読んでいるあなたの力になれたらと、そんな状況を打破するポイントと具体的なアプローチを紹介していきたいと思います。

まず前提となるポイントは、「相手を変えようとしない」という原則です。誰しも、誰かに「変わらないと」と圧をかけられることは、今の自分自身を否定されるジャッジメンタルが潜んでいて、反射的に抗ってしまう反応を引き起こしてしまいます。よって、「相手を変える」のではなく、「自分が変わる」「自分から変える」ことにフォーカスをする立脚点を踏み誤らないことが重要です。

そしてそのうえで、「自分が変わる」手段として活かせる脳マネジメントのアプローチをご紹介しましょう。これらを、日常のさまざまな場面で関係の質を変えていくための参考にしてみてください。

カチコチ状態を溶かしてイキイキとした関係をつくる要所となるのは、次の3点です。

1 まなざし
2 声がけ・問いかけ

3 環境

３つの変えられるものを一つひとつ、紐解いていきましょう。

1 まなざし

「まなざし」とは、対象が変わらずともどんな「見立て」や「設定」でものを見るかを指しています。たとえば、相手を敵対的に見るか、味方として信頼のある相手と見るかによって、同じ言葉でも受け取り方が変わるというのは、みなさんにも経験があるのではないでしょうか？

「頑張ってね」という一言が責任転嫁をする他人事に聞こえたり、応援として素直に受け取れたりというギャップがあるのも、その一言で長い時間をかけて築いてきた関係性、信頼が揺らいでしまうほどのインパクトがあるのも、このまなざしに起因します。

これまでの関係性や個人の思い込みが、まなざしをつくります。そしてそのまなざしはメカニックビューに固定化されやすいので、私たちは望ましい結果を得るために、自覚的に意図を持ったまなざしをかけるという手段を持つ必要があります。

さらに、ほかの言葉や環境などすべての質を変えるのが、このまなざしです。ですから先に挙げた３つのアプローチのうち、最初に取り組むことをおすすめします。

図5-3　ポジティブ心理学における三角形理論

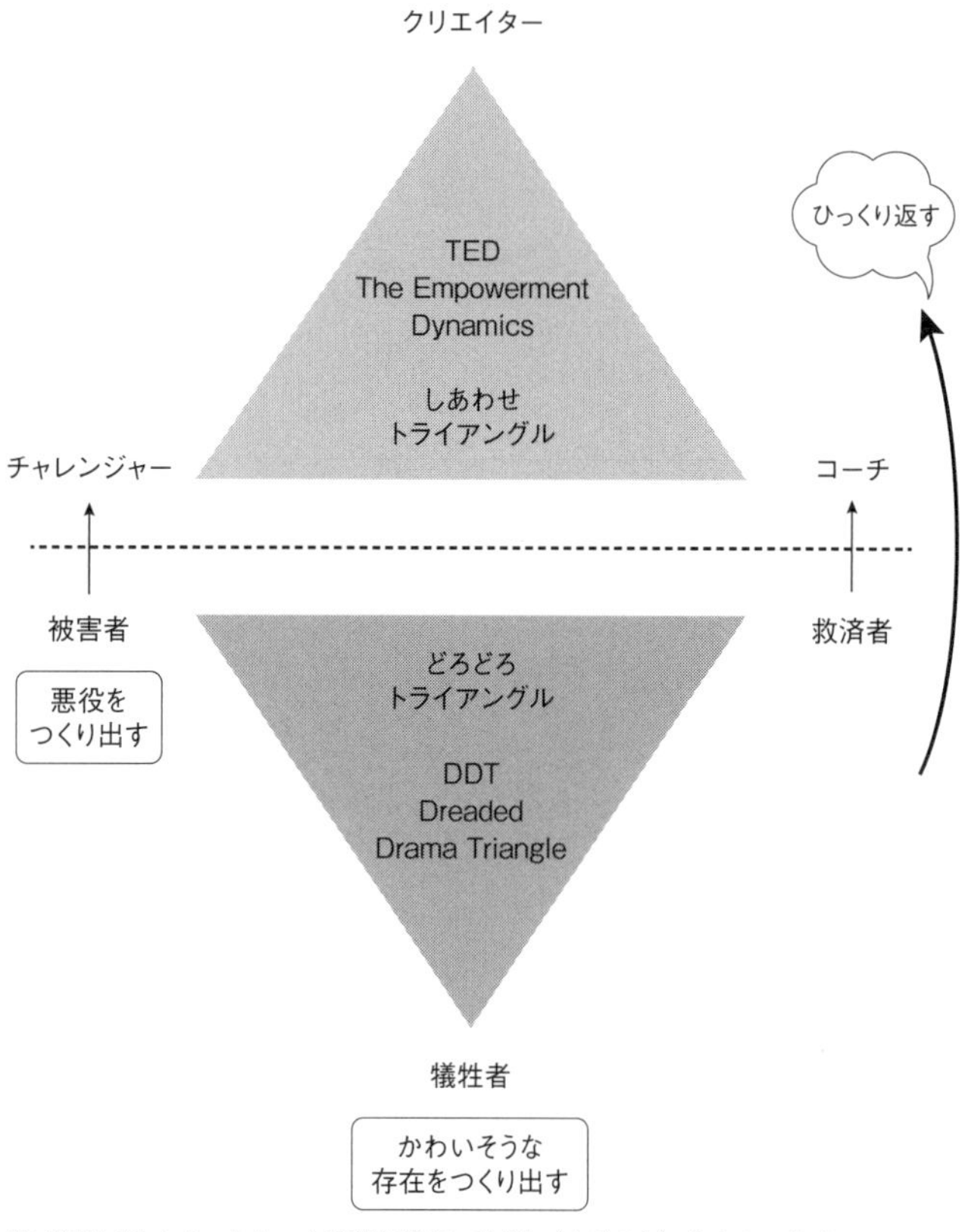

出典：松村亜里『うまくいかない人間関係逆転の法則』（すばる舎）をもとに作成

まなざしのパワフルさは、ポジティブ心理学という領域でも知見が集まっています。

たとえば、カープマン博士のDreaded Drama Triangle（ＤＤＴ：「恐怖のドラマトライアングル」）の理論にあるように、相手に対して「変えてあげないと」「助けてあげないと」と、よかれと思ってそんな言動をすると、相手を「力のない存在」「被害者」に押し込めてしまう、と説かれています。これらの言動は逆に、本来ある力を押し込めてしまうのです。

一方、エメラルド博士のThe Empowerment Dynamics（ＴＥＤ：「エンパワメントダイナミクス」）によれば、相手を人生の「クリエイター」として「本来の力があるはずだ」という認識の設定で対峙すると、より相手の力を引き出し、危機をチャンスに、失敗を学びに、全方位において成長し合う関係性の構築に繋がると、見立ての重要性があるのです。


相手の力を引き出すそれ以前に、ノンジャッジメンタルという「責めない」「受容する」という態度も欠かせないポイントです。少しでもジャッジメンタルなまなざしが混在するだけで、どんなアプローチを行っていても、関係の質は大きく変わってしまうのです。そのノンジャッジメンタルが徹底されると、相手との違いに対するまなざしや態度も変わり、違いを忌避して反射的に「同じにしよう」とする衝動も手放すことができます。むしろ、「違い」を味わい、おもしろがることができるようになるでしょう。

その内実を伴った相手へのリスペクトが、カチコチの態度を柔和に柔軟に変えていく手がかりとなっていきます。

この「責めないこと」「受容」を起点にしたり、相手との違いを価値に変えていったりするために、相手自身や相手との関係をどんな設定・見立てで捉えているかを、自覚的に選んでいきましょう。自覚的な選択変容のためにも、そもそもどんな見立て・設定を持っているかについても、前章の個人の「脳マネジメント」のプロセスを活かして自己探求し、自覚的になることが欠かせないのです。

2 声がけ・問いかけ

まなざしに自覚的になったうえでできることで、さらに効果の大きいものが「言葉」です。どんな「声がけ」をするか、どんな「問いかけ」をするかによって、これまで1ミリも変わらなかった相手の態度が急変したり関係性が変化したりという例は、数えきれないほどです。

1でも触れた「受容」を最初の手がかりとして、「Yes, and 法」とも呼ばれる手法もおすすめです。これは、相手の発言を否定せず、そのうえで新しいアイデアや視点を提起するというアプローチで、相手の発言を否定して別の提案をする「No,but 法」や、表面的に同意しつつ実質的には否定する「Yes,but 法」と対比すると、創造的な対話を促進してカチコチからイキイキとした関係性に変える力が大きいことを実感できるでしょう。

同様に、言葉の端々に知らず知らず、「いや、……」「でも、……」といった否定語をつけてしまったり、すぐさま相手の言葉を遮って重ねたり、言葉の応酬がラリーとなってしまったりというログセも、自覚できさえすれば取り除いていくことは可能です。すると、その受容とノンジャッジメンタルの体現によって、相手の防御反応を収める効果がさらに高まるのです。

第3章で触れた脳のフィルター「ＲＡＳ」も、自分がかけた言葉や他人からかけられた言葉ひとつで、フォーカスするものが変わるという性質があります。

たとえば、「なんでこんな目に」「なんでこんなことをした？」といったように、過去の過ちを指摘しようという言葉はメカニックビューを強化し、何が間違っていたかを探る脳の検索を促します。一方で「どうしたらいいか？」「どうしたら変えることができるか？」といった問いかけは、「これからどうすればいいか」という未来志向のソリューションをつくり出そうとするので、問いをかけられた人の創造性を引き出してくれます。

ときに、同じ問いでも氷山モデルの水面上にある言葉や行動にばかり反応するのではなく、その水面下の理由や意図、背景などを尋ねる意図を持った問いは、表面的な言葉の応酬よりも負荷がかかります。それゆえ、相手を深く理解しようとする探求型の問いは、相手を人間として大切に扱い、創造的な対話を促す一手となるのです。

「どうしようもない」「難しい」といった、相手のメカニックビューも助長してしまう言葉を使わないようにすること、代わりに「できることがある（はず）」「チャレンジングで伸びしろがある」などに言い換えをすることも有効です。

カチコチの関係性に変容をもたらすコミュニケーションについては、「アサーティブコミュニケーション」「非暴力コミュニケーション（ＮＶＣ）」「コーチング」など、体系立てられたアプローチも多く存在しています。そのそれぞれの領域の中で、この言葉の選び方のヒントなどが日々研究されています。

いずれの手法においても、脳マネジメントの視点、省エネの圧力のあまりにメカニックビューに陥っていないか、自覚的に確認する視座を加えながら学び、実践することで、より効果を発揮することができるのです。

3 環境

3つ目は、物理的、身体的な条件ともいえる「環境」です。どんな姿勢で、どんな座り方で、相手とどのように対峙するのか――そのノンバーバルな情報の中にも、相手のカチコチ度をいかに強めたり弱めたりすることができるかの鍵が隠れています。

リアルな席でも、机の並び方や座る位置で、コミュニケーションのモードが変わることが知られています。円卓やL字型ソファーのような、人間同士が向き合う「ソシオペタル配置」は、対話や協働作業に向いている空間レイアウトといわれます。空港のベンチや図書館のボックス席のような、プライバシーを重視して目線が合わないよう、互いに背を向けた「ソシオフーガル配置」というものもあり、個人で問いに対峙するのに向いている空間レイアウトでもあるのです。

オンラインでのミーティング時にも、画面上に自分がどう映るか、将来的にはアバターなどデジタル空間上での環境も考慮する重要性が高まるでしょう。ＳＮＳのプラットフォーム自体が、匿名かどうか、どんなアルゴリズムを持っているかなどからも、メカニックビューがいかに乱暴に交錯しているかなどの環境要素として、私たちの交流パターンに大きな影響力を持っています。

この環境の如何によって、同じ人でも引き出される資質は変わります。たとえば、共通の趣味や価値観を持つ人々はデジタル空間を媒介にして繋がりやすくなり、そうではない人と出会わなくなるというクラスター化が進行するため、違いから探求を進める自己理解も、その先の他者理解も浅くなってしまう、というリスクが高まります。対峙しているコミュニケーションを、このように多角的に見直すことも重要ですし、そもそも関わるかどうか相手と目指す距離感も、意図を持って選んでいくことができます。

前章でも「エネルギーチャージ」についてページを割いたように、自身のエネルギーを無駄遣いしないこと、過分に消耗・疲弊させないことが何より基本となります。その意味で、あまりにエネルギーを奪うコミュニケーションから抜け出せないと判断したら、やり取りを中断すること、物理的に離れること、なども大切な手段となります。

＊

いかがでしょうか？　一人だけではない「私たちの」脳マネジメントを始めると、しなやかな関係性（少なくとも消耗し合わない、フラットな関係）から、イキイキとした関係性（相互傾聴・相互理解から価値創造、想定を超えた違いを活かし合うコミュニケーション）へと向かうことのダイナミクスさを味わうことができるはずです。

2 場づくり・チームビルディング

次のフェーズの脳マネジメントは、場づくりやチームビルディングに活かすアプローチです。

1対1の人間関係に比べて、複数人が所属する場づくり、オンラインミーティングやチームビルディングとなると、より複雑さや不確定要素が増し、どうすればいいか戸惑うこともあるでしょう。たとえば、次のような経験はありませんか？

- 特定の人ばかり一方的に話していて、大多数が聞き役になっている。何か発言するのにハードルを感じる
- 「アイデアや意見を出してもいい」と思える心理的安全性を持とうにもハードルが高く、意見を出し合ったとしてもその場限りのものばかりで、意味がないように感じられる
- よりよい場をつくろうとしても、その難易度の高さに「どうしようもない」とあきらめの気持ちが生まれてしまう

しかし、同じ時間と空間を共有するメンバー同士、それがオフライン・オンラインいずれであっても、脳マネジメントによって場の状態や関係の質を高めるためにできることがあります。第3章でお話ししたように、私たちの脳は人類として「響き合う」という資質

図5-4　場の状態を水にたとえると？

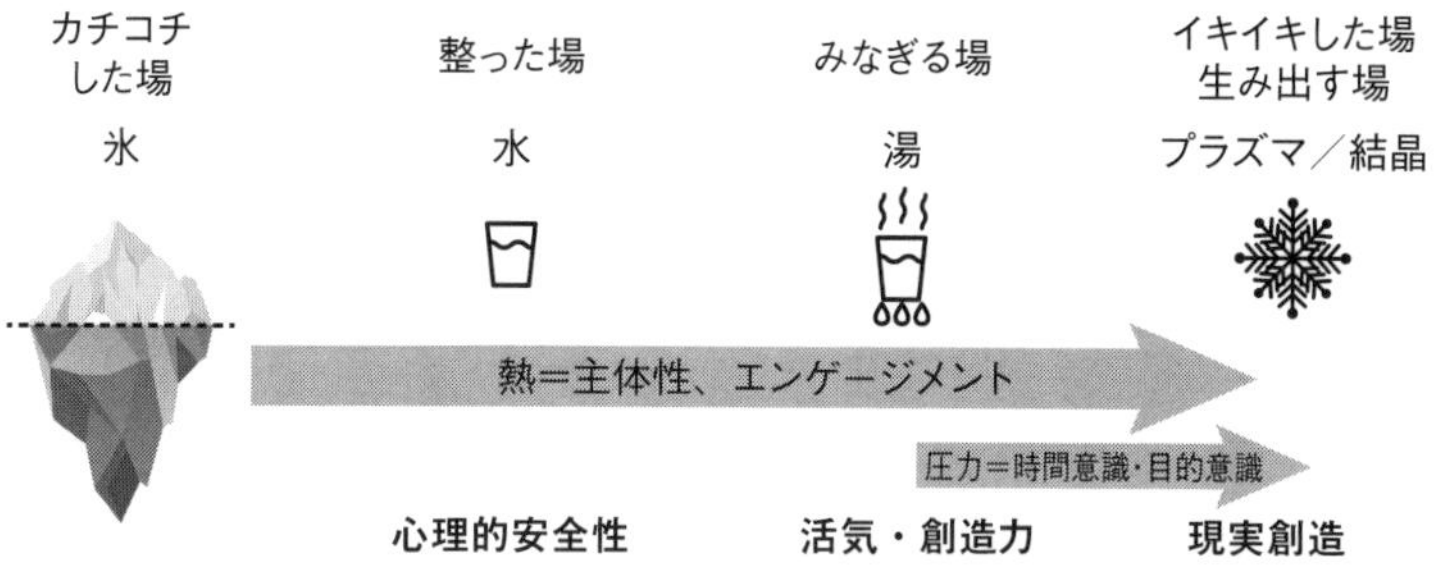

がベースにあります。それをふまえたうえで、これから紹介するいくつかのポイントをもとにすれば、一人ひとりの独自性や創造性を引き出し、「そのとき」「そのメンバーが」「その時間と空間を共有する」からこその価値が創造できるようになるのです。

「場＝水」の状態変化から

まず、複数人が同じ場所や空間を共有するときの場について、ある「見立て」を使ってみましょう。図５－４では、場を「水」の状態変化（物理では「相転移」と呼ばれますが、本書ではわかりやすさを優先してこう呼びます）に見立てています。

図０－０の氷・水・お湯・プラズマ／結晶は、次のように見立てています。

氷：コミュニケーションが硬直して、誰も発言しなかったり一部のメンバーだけが一方的に意見を発したりで、自由な意見交換ができない状態。「こうあるものだ」と既存の考え方や

慣習に縛られて、新しい意見が出なかったり、「どうすることもできない」という
あきらめや、「意見を出すと、やらなければならなくなって面倒」といった固定概念が、表面的なやり取りに押し込められている状態。「凍りついた雰囲気や緊張・不信感からの硬さ」がまさに「氷」のようである

水：その場にいるメンバーが概ね、「アイデアや意見を出しても大丈夫」という心理的安全性が担保されている状態

沸騰しているお湯：メンバーそれぞれの主体性が引き出され、ただ声を出すだけではなく、それぞれが出すアイデアや意見が活発に交換され、次々と新しい発想やモチベーションが生まれている状態

プラズマ／結晶化：活発なコミュニケーションが発散から収束に向かって、目的に対する創案や結論への合意を導き出せる状態

そのメンバーだからこそ、その場だからこその価値を生み出して、次なる展開に繋がっていく——図5－4は、そんな状態を見立てています。ちなみに物理的には、水に数千、数万度という超高温を加えるとプラズマ状態になりますが、非常に特殊で観察できません。意図と偶発性がかけ合わさって美しい結晶ができるイメージのほうが、目指す姿と直感的に合致しているでしょう。

このような水の状態の見立てを手がかりにすると、目の前にある場の状態をより理解することができると思います。さらに、よりしなやかに、イキイキとした場へ変移していくためにも何らかの手立てが必要ですが、水の状態変化が「熱」や「圧力」によって引き起こされることを通じ、指針を持つことができます（これは、あえて場の状態にレッテルを加えて扱いやすくするという、自覚的なメカニックビューの活用でもあります）。

たとえば、氷から水、水からお湯に変化させるのに必要な「熱」は、私たちの主体性です。「エンゲージメント」とも呼ばれたりしますが、その場に対して、自分事として受け止め、働きかけができるようになると、それが「熱」として場の状態を変えていきます。

特に、氷のように感じられるカチコチの場を打ち解けさせるために、その名の通り「アイスブレーキング」として知られる、緊張を崩す手段もありますが、脳マネジメントとしてこの氷から水に変化を促す方法は、ノンジャッジメンタルがベースとなる主体性の喚起です。

また「圧力」の正体は、その場が一回性で限りがあることを含めた「時間意識」や、「目的」をつど明確にする「目的意識」が合わさった「動機づけ」です。その場でたった一人だったとしても、自身の言動からジャッジメンタルを取り除き、まなざしを変えてＲＡＳを揺さぶり、焦点を変える問いを投げかけるなど、前述の「対人コミュニケーション」の手立てを拡張してできることもたくさんあります。

主体性を引き出す――チェックイン／チェックアウト

さらに、主体性をデザインするには、いくつも確立された手法やその場に応じて創造される手立てがあります。

構造化された手法のひとつに、「チェックイン／チェックアウト」があります。グループワークやミーティングの開始時と終了時に、参加メンバーの各人が声出しをするというアプローチですが、「参加者一人ひとりがその場に対して関与している」という参加意識・当事者意識を引き出す一手となります。

水からお湯に変化を促すときの「熱」も、一人ひとりの主体性の理解、それを引き出し合うデザインが鍵となります。大雑把な、何からどう答えていいかわからない問いではなく、より創造性を引き出す問いに変えることも、ひとつの手立てです（これについては、安斎勇樹・塩瀬隆之著『問いのデザイン』で詳しく紹介されています）。

しかし、より活発な交流から「湯」の熱が高まり、自由闊達に意見を出し合ったとしても、「いろいろな話ができておもしろかった」といったその場限りの体験にとどまり、そもそも場やチームが持っていた目的達成に至らないケースも散見されます。この「湯」から先のプラズマへの状態変化には、「熱」だけでなく「圧力」が必要になりますが、場づくりにおいても「意図を込める」という圧力が有効です。たとえば、「今しかこの機会はない！」「締め切りがある！」といった「時間意識」と、「この場が何のためにあるのか？」「これまでの延長線上にない価値を生み出したい」などの「目的意識」は、その明確さや切実さが圧力となって質的変化を促します。

ただし前述の通り、プラズマは目に見えないので、氷の結晶などをモチーフにイメージを持つのがおすすめです。よく知っているものを活用した直感的なイメージの紐づけで、より実践的に使えることを目標にしてください。

目的設定――ストーリーの原型

ここで、目的設定にまつわる脳マネジメントならではのアプローチもご紹介します。ときには、参加メンバーの立場や認識が多様で、目的設定が困難なときもあると思いますが、そんなときにおすすめなのが「ストーリーの原型」を使ったワークです。

図5－5「ストーリーの原型」上の項目にあらゆる設定を行うことによって、硬直したカチコチ脳を脳マネジメントによってしなやかにしていくコミュニケーションをデザインすることができます。

今、行っている会議の「目的」をメンバー間で設定する場面を例に、ストーリーの原型の活用方法を解説しましょう。参加メンバーを主体として、新規事業のキックオフや定例会議など、目の前の機会を「★」に置き、「この場・機会がなかったらどうなるのか？」と「避けたい未来＝シナリオＢ」を設定します。そして下の矢印の先を対話から引き出すと、その内容を反転することで、「その未来を超えるために」と「得たい未来＝シナリオＡ」の要素が何なのかが浮かび上がります。その要素を整理すれば、「こういう未来の現実をつくるために」という目的を設定することができます。

図5-5　ストーリーの原型（再掲）

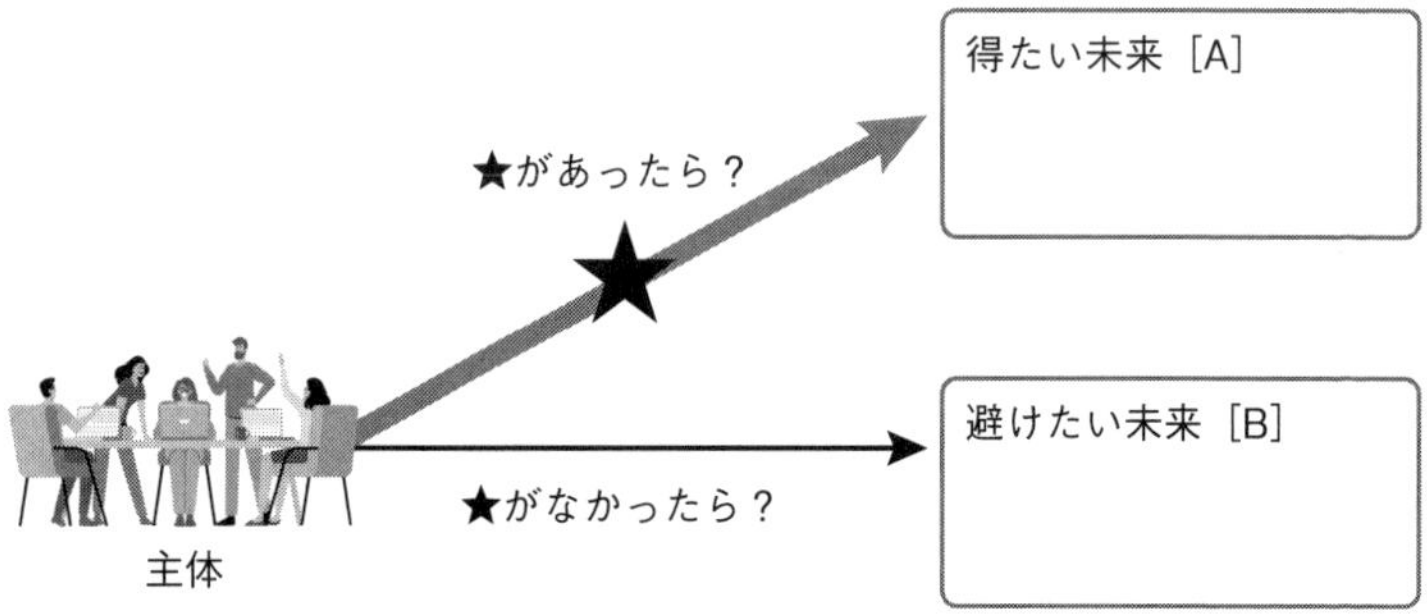

このワークは無自覚なメカニックビューである人にとっても利点があります。「〇〇がなかったら」という問いは「ないもの探し」の延長なので、負荷が少なくても扱えるのです。よってこのワークは、未来Bから洗い出して、次に未来Aを探っていくという順番をおすすめしています。

＊

今回ご紹介した「水の状態変化」という「見立て」や「ストーリーの原型」を活用する脳マネジメントを通じて、「できることがある」と感じられるヒントとなることを願っています。

「目的の共有」は、主体性のデザインやファシリテーション技術、ワークショップデザイン、チームや組織に広げる方法など、現在進行形でさらなる実践と最新知見が進んでいる領域です。ホリスティックビューを活かし、ほかの人の限定的なメカニックビューを和らげる「私たちの脳マネジメント」――既存の手法もこの視点を持って活かしていくと、それぞれの「ならでは」の力を引き出し合い、そのメンバーが「そのときだからこそ！」と価値を生み出す場が生まれます。

3　組織の価値創造や変革

続いて、次により大きな規模で、社会的な位置づけもある「組織」への脳マネジメントの応用についてお話ししましょう。

個人と社会の価値観が急速に変わりつつある中で、組織開発や組織変革の分野でも、「これまでの組織」と「これからの組織」を二分して紐解くアプローチが主流になっています。企業のみならず行政、教育、医療などの機関や非営利組織など、これからの時代はあらゆる組織においてＶＵＣＡを前提にした組織観が求められているのは間違いありません。

とはいえ、既存のすべての組織を破壊してつくり直したり、ゼロベースに戻したりすることは現実的ではなく、実際にその規模や文化、外的環境やメンバーなど、さまざまな変数によって「組織」と一括りにできないという事情があります。

ここでは、組織開発や組織変容に関わる国内外の最新知見をベースにしつつも、誰もが持つ臓器である脳を、主体性を引き出す道具として活用しながら、その組織ならではの独自性と創造性を発揮していくためのアプローチについてご紹介します。

自律型人材の課題

前述の「場づくり」でご紹介した「水に熱や圧力を加えて状態変化を促す」のイメージは、組織においても有効です。

組織が大きくなればなるほど、構成員一人ひとりが立場を超えて主体性や当事者意識を持つような文化を醸成することは、大きな課題のひとつです。水を氷からプラズマまで、カチコチからイキイキに向かうベクトルを、「組織」という単位でも進んでいくためには、主体性という熱がなくならないような、さらに循環し続けるような仕掛けが必要です。それはときに、社会的存在価値を「パーパス」として策定することや、事業によって世に提供する価値を「モノ型」から「コト型」へ再定義することであったり、目的の再設定に関わる施策もあれば、全社で情報共有をしたり、参加意識を促すハード・ソフト両面の環境づくりに関わる施策など多岐にわたります。

その中でも本書で特筆したいのは、**「自律型人材」**と呼ばれる意欲の高い人を活かすためのアプローチです。

実は、「指示待ち」ではなく「誰かのために」「組織のために」「もっとこうしたらいいんじゃないか」と、当事者意識を持つ領域が「自分だけ」にとどまらないメンバーは、どの組織にも存在します。彼ら彼女らは、組織文化によっては目立たないように押し込められていたり、無自覚なメカニックビューで疲弊消耗していたりすることもありますが、生まれつきの資質だけでなく人生の経験から後天的に身につけた資質として、省エネモード一辺倒ではなく自家発電モードで、前のめりに当事者意識を発揮することができる人です。

こういった資質のメンバーは、変革変容が求められている組織において、そのイニシアチブを加速することができる、かけがえのない存在です。にもかかわらず、周囲との意識ギャップが摩擦になり、誰よりも消耗しやすい立場に追いやられがちです。それゆえ、何か提案しても「そんなに仕事を増やさないでほしい」と疎まれたり、「言った人がやるものだ」と仕事が振られて過剰な負担がかかったり……。本人からすると「なんで私ばっかり」と嘆きたくなる状況が起こるのは、想像に難くありません。

こうした人材は大多数ではないものの、同様の資質を持った人同士を認識し合い、ときに応援し合って支え合っていることも多くあります。そのためひとり離職すると、同様の資質を持った人まで離職してしまうという状況も珍しくありません。

熱を引き出し、広げる

脳マネジメントの視点でいえば、自身の認知特性について自覚するメタ認知がないまま、ただ前のめりに、自分を超えた広い領域に力を注ぐとなると、一見、氷山モデルの水面かも扱っているように見えます。しかし、自覚を持って選んでいるのではなく、たまたま自分事にする力が大きいというだけなので、周囲との意識ギャップに「なんで自分だけ……」と消耗しがちです。脳マネジメントのような自己理解・他者理解の整理とメタ認知を経ることで、自覚的なホリスティックビューの獲得に向けて、自己変容できるようになります。

そこで、後述する組織変革的なプロジェクトでも採用しているように、自律型人材的な要素を持つメンバー（便宜上「コアメンバー」と呼びます）を発掘しながら、たとえ少人数でも彼ら彼女らを特設チームとして機会を創出するアプローチがおすすめです。具体的には、本人が自覚的なホリスティックビューで独自性と創造性を引き出し合う技術を学びながら、そのチームビルディングを通じて、意図を持って周囲の熱（当事者意識）を引き出し、少しずつ同心円上の次の輪へと、その学びとものの見方を広げていくという施策です。

ここで重要なのが、熱を一斉に拡散しないことです。組織全体への施策を急がずに、まずは次なるコアメンバー候補、もしくは現状に違和感という形で変容の必要性を感じているメンバーなどに、学習機会や協働機会を通じて当事者意識や主体性を持ったコアメンバーの熱を少しずつ伝播し、その輪を広げていくのです。

繰り返しますが、現代はこれまでの前例を踏襲するだけでは立ち行かない、変化の中で学び続ける新しいアプローチが求められています。

留意すべきは、それぞれの手法や形を真似るだけではなく、関わる人や組織の脳のモードを大切に扱うという点です。脳マネジメントの視座をスキップしてしまうと、コアメンバーだけ意欲が高まり、ほかのメンバーとの意識ギャップの溝が深くなってしまう、意識が高いほうが「よい」というジャッジメンタルを助長してしまう、といった施策の形骸化のリスクが高まります。

そのため、組織の現場が持つ特有の事情も注意深く読み解きながら、「脳のモード、もののの見方に自覚的になること」「意図を持った働きかけ」といった脳マネジメントの視座を活かしていくことをおすすめします。

パーパス策定――「これまで」と「これから」

最後に、「これから」の組織をつくるための重要な要素であるパーパスについてご紹介しましょう。

組織の独自性と創造性をより高める価値創造や変革という文脈では、組織の社会的な存在意義――すなわちパーパスを言語化して共有することが、ＶＵＣＡに強い組織となるためにも不可欠です。

パーパス主導の組織のほうがレジリエンスが高い（危機からの回復が早い）、投資利益率が高い、メンバーのモチベーションや生産性が高い、新製品や新サービスの開発などのイノベーションに成功している、顧客との絆ロイヤルティ（エンゲージメント）も高い、といったような、パーパスの多角的な効果がさまざまな研究や報告によって知られるようになってきました。しかし、パーパスはもともと氷山モデルの水面下の領域に当たるため、無自覚なメカニックビューのままそれを扱おうとしても、独自性や創造性を引き出すまでの中身が伴わないということがよく起こります。また、どんな未来をつくりたいかの「ビジョン」とも混合されがちという側面もあります。

さまざまな組織のパーパスを並べてみて、その組織名を隠すと、組織内外の誰も、どのパーパスがどの組織のパーパスかわからなくなってしまう、というのが実情です。実際、あらゆる企業のパーパスには、「持続可能な未来のための」「次世代のための」といった文言が並びがちです。

実はパーパスを考えるうえで重要なのは、「未来」「これから」ばかりではなく、「これまで」その組織が存在するに値した提供してきた価値、実績、歴史をも統合することです。「これまで」をキャラクターと仮定するなら、そのキャラクターだからこそ取り組めるチャレンジを「これから」に据え、その「キャラクター」×「チャレンジ」から成る「ストーリー」に、その組織ならではの要素が凝縮されることに繋がるのです。そして、この「これまで」「これから」「今、現時点」など、さまざまな時間軸において組織が世に提供する価値を「ストーリーの原型」を使って整理することで、パーパス策定のベースを固めることができます。

- もしもこの世に、自分たちの存在がなかったら、どうなっていたか
- 自分たちの存在があることでどんな違いを生み出してきたか
- さらに、これからの世界に自分たちの存在がなかったら、どうなってしまうのか
- 自分たちという存在があることで、どのように違う未来を創れるのか

「世界」や「社会」といった表現では壮大すぎて想像しづらいのなら、地域や業界などに絞った設定から読み解くといいでしょう。

組織から一転し、構成員や部署などに焦点を当ててストーリーの原型を活用すると、組織との整合性や一貫性をさらに見出して、力を注ぎやすく、合わせやすくなる効果も大きいです。たとえば、機械論的世界観の延長で「自分がいてもいなくても変わらない」「自分

図5-6　ストーリーの原型（再掲）

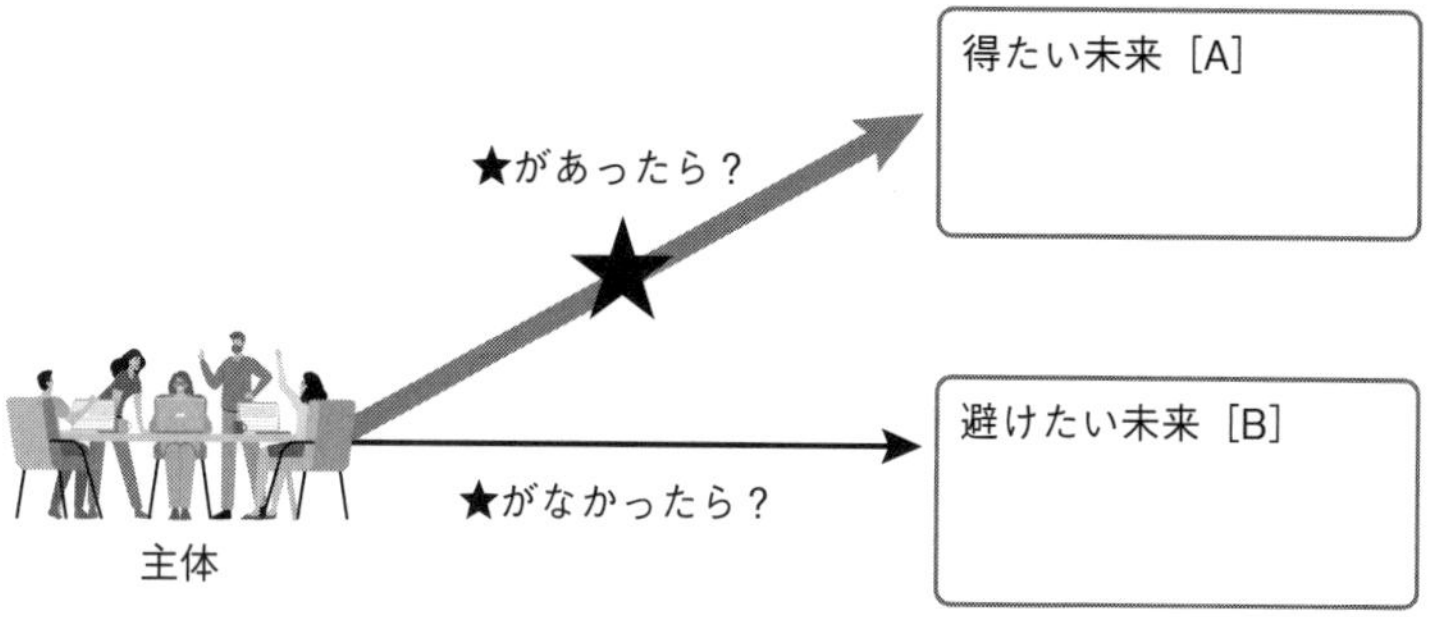

がいなくても代替可能」などの無自覚な設定が、働きがいを阻害していることも多く、その設定を超えるための手立てとしての活用方法もあります。

図５－６に再掲した「ストーリーの原型」で、★に個人、「主体」に組織やチームを置いてストーリーの原型を書き出してみることで、その各個人がどんなこだわりや特質を持っているかを、自分はもちろん同僚と言語化し合うというワークもおすすめです。これはメンバー一人ひとりのエンゲージメントやその間の関係の質を高めることに絶大な効果があります。脳マネジメントの視点で見ると、パーパスが明確化されて共有できると、省エネモードから内的動機が駆動されて、自家発電モードにシフトすることができるのです。

組織の価値創造・変革の２つの事例

本章でお伝えしたことは実践から磨き上げたものも多く、その源となった現場の話題もここでご紹介します。

事例1　行政改革――福島県磐梯町の取り組み

福島県磐梯町の町役場における「働きがい向上検討会議」という行政組織改革の事例です。磐梯町は都心から新幹線と電車で150分のところにある、磐梯山の麓に位置する人口3400人ほどの町です。多くの地方自治体と同様、少子高齢化や地域経済の停滞などの課題を抱えています。

行政機関の多くは組織体制上、縦割り構造と2～4年のペースでの異動で幅広い業務を遂行しています。前例主義が根強く新しい解決策の導入にも摩擦があり、過度な仕事量と相まって、住民や職員、国などさまざまな立場のステークホルダーと調整しながらの行政改革は、非常に困難を極めるというのが実情です。

その中で磐梯町は、地域のさらなる価値創造と共生社会の共創のための独自の取り組みを行っています。2019年には、全国ではじめて自治体最高デジタル責任者（CDO）を設置し、デジタル技術を活用した、町民本位の新しい行政経営モデルの構築を図っています。

磐梯町では、さまざまな新しいDXの取り組みに注目が集まる中で、役場内の職員それぞれがともに働くことに対して自分らしく楽しむ働きがいをつくり、働く場所に対してもより当事者意識を持てるよう、さらなる変革への施策が求められていました。誰かが旗を振っても、働く職員は「と言われても、そう簡単に変わるわけがない」とあきらめてしまったり、各個人が膨大な仕事に追われて協働できなかったりという実情であり、組織をカチコチからしなやか、イキイキへと変革するために、職員の意識から変えていくことが急務だったのです。

そこで始まったのが、「働きがい向上検討会議」というプロジェクトです。主管の行政経営課をコアチームとして、部署を超えた10名のいわゆる自律型人材がメンバーとしてアサインされ、外部人材として著者である秋間が脳マネジメントの知見を活かしたチームビルディングと意識醸成施策に伴走しています。具体的には、本章でお伝えした「私たちの脳マネジメント」を総合的に活用し、次の3つのプロセスを月1～2回のミーティング（基本オンラインでの開催）実施し、半年にわたりチームビルディングを行いました。

①課題の構造理解（メタ認知）
②コミュニケーションスキル向上の機会
③具体的なプロジェクト実施

①課題の構造理解（メタ認知）

「変わりたくても変わるはずがない」など、組織全体で認識と関係性が硬直している理由が、そもそも「誰かのせい」といった人格的な課題ではないこと。そして脳がもともと持っている資質に無自覚であるために省エネモード優位が助長されているだけであることを一つひとつ理解し、その視点で建設的な議論の素地をつくりました。

②コミュニケーションスキル向上の機会

脳マネジメントの観点から、無自覚なメカニックビューがどんなログセに現れるかを共有し、反射的なラリーでなんとなくリアクションをするのではなく、意図を持った受容や提案の技術（アサーティブ・コミュニケーションなど）をロールプレイングで体験しながら学びました。特にオンライン会議であれば、ひとりの人物が大きく映されるスピーカービューではなくギャラリービューにするなど、個人が主体性を持てるような仕組みをハード面とソフト面の両面から整えていくことも、その種明かしとともに実践から学び合いました。

③具体的なプロジェクト実施

①や②をベースにしたうえで、職場や働き方に関する「違和感」を洗い出し、それらの課題解決・改善のために、「小さくともできること」を話し合い、実際にミニプロジェクトとして敢行できるもので実践を重ねました。違和感を愚痴に終わらせず建設的に話し合うこと、実際に変化をもたらす施策を自分たち起点で実施できたことなどを成功体験として、チームで自覚的なホリスティックビューを獲得していきます。DX・スマートオフィスの文脈で、書類削減など具体的で成果の見えやすいプロジェクトを並行して行うことで、コアチーム以外のメンバー（職員）との成功体験を共有することができました。今後はここからさらに、このチーム起点で段階的に輪を広げていくプロジェクトを展開していく予定です。

多様な人が存在する中で、どのように声をかければ相手がイキイキと動けるか、どうすれば相手のエネルギーを損なわずにモチベーションを上げることができるか、お互いの理解をどう深めていくか──これらを「こんないい方法がある」と外から学ぶだけでなく、自身の体験や感覚を材料に自ら試行錯誤するといったアプローチも、同時に学んでいくのです。

＊

カチコチ状態になったチームや集団を、いかにしなやかでイキイキと働かせるかは、脳マネジメントの技術が生きるところです。心理的安全性をつくり、メンバーの主体性を引き出し、エンゲージメントがみなぎる場にすること、そしてプロジェクトを通じ、実際にお互いの独自性を強みに変え、新しい価値を創造していくこと──この２つを目指して一つひとつのプロセスをデザインしながら、働きがい向上に向けたプロジェクトを現在進行形で行っています。

磐梯町での取り組みは全国から注目を集めていますが、あらゆる行政区で課題となっている「変革に向けた意識変容」のヒントが凝縮されています。特に、どんな旗のもと、具体的にどのようなプロジェクトを前面に打ち出すかなどの施策のデザインとともに、脳マネジメントを活かした行政改革のアプローチの事例としてほかの行政区でも援用できることが期待されます。

事例2 企業のSX――花キューピットの取り組み

生花の通信配達ネットワークである花キューピットにおけるSX（サステナビリティ・トランスフォーメーション）の事例もご紹介しましょう。

今から70年以上前の1953年、まだ宅配便がなかった時代に、生花店の店舗同士が通信技術を使って力を合わせ、遠隔地にも花を贈る仕組みとして始まったのが、「花キューピット」です。今や全国で約4000店の加盟店が全国津々浦々までの配達圏をカバーし、より身近な「花のある暮らし」の発展に寄与し続けています。

花キューピットは、知名度があるにもかかわらずビジネスモデルが認知されていないこと、そして加盟店舗を束ねる一般社団法人JFTDと、主に顧客からのインターネット注文を担う花キューピット株式会社とで役割が分かれていて、両者の協働の機会が少ないことなど、彼らの課題感はそのようなさまざまな「ギャップ」にありました。そんな中で、通信技術を使って届け先の近くにある加盟店が花を届けるという仕組みは、遠距離の配送を行わない分CO_2の排出を低減していることを発見しました。工学博士であり産業技術総合研究所の西尾匡弘氏の監修のもと、開発した抑制量を算出するモデルによると、2023年4月から2024年3月の間の花キューピットの遠隔取引は、約134tのCO_2排出を抑制しているそうです。

そう考えると、花キューピットの生花配達のサービスは、約4000店という国内最大の加盟店を持つ花キューピットグループだからこそお届けできる、「地球にやさしいフラワーギフト」であるといえます。そこで「花キューピット for SDGs」という訴求を行うプロジェクトが発足しました。

図5-7　花キューピットの遠隔取引とSDGs

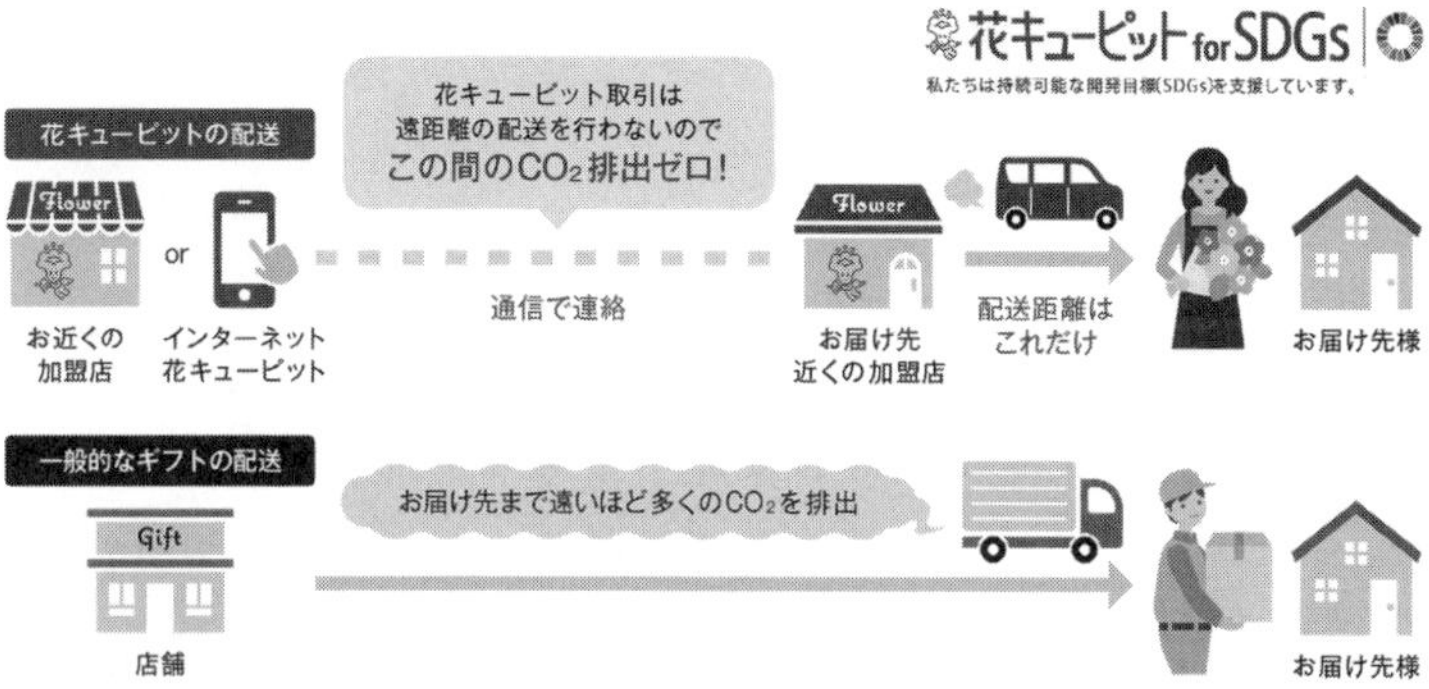

https://www.hanacupid.or.jp/SDGs/

このプロジェクトの発足により、花のお届けを担う加盟花店の経営者や従業員にとって、それまで他人事だったSDGsを「自分たちにも関わっていることらしい」と、自分事として認識するようになりました。同時に、「自分たちが日々行っている花キューピットのネットワークによる花のお届けは、価値と魅力のあるものである」との意識が醸成されていきました。

著者の秋間をはじめとした弊社チームは、本プロジェクトの立ち上げからプロデュースとサポートを行い、社団法人と株式会社それぞれの多様なメンバーで構成されるSDGsチームを組成し、伴走してきました。「サステナビリティ」や「SDGs」を旗印にしても、脳マネジメントなしにそれを理解しようとすると、「○番のゴールに貢献しています」だけにとどまったり、組織の取り組みとの繋がりが希薄なまま「持続可能な未来のために」と打ち出して表面的な取り組みに見られてしまったりと、課題が尽きません。

サステナビリティの根幹にあるのは、「このままでは（持続は不可能で）まずい」という危機感です。それを解消するには、脳マネジメントの観点からいえばシステムやステークホルダー、認識しづらい要素をも視野に入れることができる自覚的なホリスティックビューが必要です。VUCAの時代を生き抜くためにも、認識と関係性がカチコチに固定化された組織から、しなやかで変化に柔軟に対応でき、かつ独自性と創造性を発揮するイキイキとした組織に転換していくことが命題といえます。

よって、本プロジェクトでは冒頭から、「サステナビリティ」やSDGsを無自覚なメカニックビューで扱わないようにする考え方や、オンライン・オフラインでのコミュニケーションにおいて、より自覚的にカチコチからイキイキに向かう方法、ホリスティックビューの具体的な手立てをインストールしながら進んでいきました。

主体性は「熱」ですから、冷めてしまうこともあります。ときには、具体的な結果が目に見えずに悶々としたり、「花キューピット」自体の持続可能性といった、社員や職員にとっては普段の業務範疇を超えた視座の話題に戸惑ったりすることも見受けられました。それでも、その苦悩や戸惑いすらも正解のないＶＵＣＡを生き抜く行動様式のひとつとして歓迎・奨励しながら、プロジェクト期間は約５年にわたり取り組まれました。

プロジェクトの過程では、本章で紹介したパーパスの策定についても、自社理解を深める一環として取り組まれました。そこで印象的だったのは、多面的に「私たちは何者か？何を世に提供してきたのか？　これからも提供していくのか？」と、幾重にも「ストーリーの原型」をはじめとしたフレームワークを駆使し合ったことです。結果、「私たちは花を届けているのではなく、感動を届けているのだ」という、自分たちのアイデンティティの再定義――つまりリフレーミングが創発される瞬間がありました。参加メンバーは、それぞれの形で自分の仕事の意味がリフレーミングし、やりがいによる内発的動機が喚起され、一瞬でその場のメンバーの顔が明るくなったのです。そして、「もともとのロゴに添えられていた『こころにとどく』というコピーは、まさに存在意義であるパーパスを示していたのだ」という原点回帰の発見に至ることができました（図５－８）。

「自分たちが何者か」を理解し、自分のアイデンティティが拡大することで誇りを取り戻し、しなやかでイキイキした状態になる、その現場を目撃させていただきました。

同社の取り組みの再理解があったことで、さらに「自分たちが届ける感動はほかの感動

図5-8　花キューピットのロゴ

と何が違うのか」「70年間続けてきたビジネスモデルや仕組みを、どのように刷新していけばいいのか」「未来においても変わらない、花キューピットならではの力とは何か」といった議論も進んでいきました。今の時代、あらゆる課題には正解もなく、建設的に独自性と創造性を発揮し合いながら取り組む、というアプローチが欠かせません。まさに分野横断型のチームメンバーが、その独自性と創造性の発揮の担い手となったのが本プロジェクトです。

ＶＵＣＡに強い組織・事業への転換は、どんな組織においても向き合わなければならない課題です。その中で、この花キューピットの事例は、無自覚にキーワードに踊らされるのではなく、本質を押さえれば、「できることがある」というブレイクスルーの可能性を示唆しているのではないでしょうか。脳マネジメントが、個人、対人、場づくりと積み重ねていくと、組織の独自性と創造性を高める価値創造や変革に繋がっていく、そのプロセスをイメージするのに活用いただけたら幸いです。

個人から他者へ、組織へ、社会へ

私たちの社会は、無自覚なメカニックビューのもとにつくられた基盤の上に成り立っています。ＶＵＣＡの時代にあっても、企業にせよ行政にせよどんな組織であるにせよ、そもそもの成り立ちから、関わる人が省エネモードや思考停止状態、指示待ち状態――つまり主体性を持たずとも機能することを担保にしている側面があります。よって、その組織の中で働くだけでも、メカニックビューに陥ったりその無自覚に振り回されることを増長させられたりという基盤が、文化や制度、規範の中に、有形無形にどうしても残っています。これからの時代に向けて変わろうとすることに対して、もともと埋め込まれている基盤との深刻なギャップが存在しているのです。

企業を企業たらしめ、行政を行政たらしめている組織構造や仕組みなど、行動様式まで支える基盤から大きく変えるには、担当の馬力やトップの決断、外部要因などが必要です。一方で一人ひとりの言動やその営みを支える「ものの見方」という基盤――私たちの脳をカチコチからしなやかでイキイキに変え、自覚的なホリスティックビューのＯＳへ転換していく施策は予算も時間もかからず、実験的にもすぐ取り組み始められます。

何より、この変革の基盤は「個人」です。あなた自身がいかに気づき、働きかけるか、その独自性と創造性を発揮した人生での体現が、すべての起点となります。

パーパスやサステナビリティという概念の広まりに見られるように、今や「このままではまずい」「これからに向けて変えないと！」といった変革のニーズが、あちこちに生まれています。これらの用語が流行語のように広まるのも、新しい施策が強く求められている証しでしょう。

これらの用語を新しいアプリケーションのように取り入れるだけで、その土台となるOSを「自覚的なホリスティックビュー」へ転換していく脳マネジメントの視座がなければ、どんな取り組みも形骸化してしまいます。

個人、対人、場づくり、組織といった多角的な領域で脳マネジメントを駆使するために、この前提となる枠組みを押さえたうえで、「できるところ」から取り組み始めることが重要なのです。

＊

読者のみなさんは、無自覚なメカニックビューや省エネモードを自覚的に脱却していく重要性、そして第4章と第5章でお話しした、個人から組織に至るいずれの領域でも、カチコチからイキイキへという方向性での施策が欠かせないことを、認識し始めていることと思います。

ここまでに挙げた「パーパス」「サステナビリティ」というキーワードのみならず、昨今、話題となっているキーワードからも、脳マネジメントがあればどんな進化ができるのか、それをどう活かしていけばいいのか、見渡していただきたいと思います。いずれかのキーワードにすでに取り組んでいらっしゃれば、それを手がかりにできることがあるかもしれません。

次の章では、さらに「これから」を共に創っていくためにどうしたらいいか、未来への展望に触れていきましょう。分野領域を超えて、人間理解に立脚した知恵と勇気の分かち合いについて、脳マネジメントの活かし方を見ていきます。

第6章

脳マネジメントは
VUCAな社会と
未来を灯す松明となる

脳マネジメントによって広がる世界

ここまで、知らず知らずのうちに働く脳の資質を、いかに自覚的に活かしていくかという視座を持つと、どのような世界が広がるのかをお伝えしてきました。自分で脳の手綱を持てるということ——それは一方的にコントロールしようとするのではなく、バディとして相互理解しながら味方にしていくかのようなアプローチであることも、感覚的に理解できたのではないでしょうか？　「自分のことで精一杯」という人も、「所属するチームや組織をなんとかしたい」という人も、「どうしようもない」という無力感ではなく「できることがある（かもしれない）」という前向きな気持ちが引き出され始めていることを願っています。なぜなら、この「できることがある」という感覚こそ、省エネモードのカチコチ脳が自家発電モードに切り替わる肝だからです。

脳マネジメントというこれまで聞き慣れなかった概念が、新しいレンズとなって身の周りを見渡せるようになると、あらゆる現場で個人や関係性、組織や社会を、「これから」の時代仕様にアップデートするにはどうすればいいか、気づけるヒントが見つかるはずです。

本書の最後の章としてお伝えしたいのは、社会のあらゆる改革は、脳マネジメントがあれば加速するという、脳マネジメントの伸びしろについてです。

今、存在するあらゆる組織や仕組みは、非VUCAを前提の世界観の時代につくられているという事実を無視することはできません。トップダウンの意思決定や縦割り、階層的な上下関係など、「管理」「コントロール（上位から下位に向けた支配）」をデフォルトの構造として持っています。その現場認識に立つと、ここから無自覚なメカニックビューを助長する環境に抗うのは、難しいと思われるかもしれません。

一方で、私は20年におよびさまざまな概念や実践例をもとに試行錯誤する中で、一度、この世界と私たちの脳について構造的理解ができれば、より互いの「ならでは」を引き出す社会へ、土台からガラガラと変わっていけるとも確信しています。脳マネジメントは「これからの社会」に向けてあらゆる改革を加速させる鍵を備えているからです。

ここで、脳マネジメントがもたらす変革加速の数ある鍵の中でも、今後可能性を広げていきたい3点について紹介したいと思います。

1　学術的な知見を実践知に繋げられる
2　領域の違う実践例や知見を、横展開（援用）できる
3　自覚的にVUCAを扱う道具を開発できる

これらの脳マネジメントの補助線的な働きによって、「違いをチカラにできる」「相乗効果を持って協働できる」「経験や知見が共有される」など、時代を推し進める取り組みが大きなうねりとなって加速するのです。

組織における変革の加速

まずは、先に挙げた3つの鍵が組織においてどんな変革を加速させるのかを見ていきましょう。

1 学術的な知見を実践知に繋げられる

組織の改革変容について欠かせない視座をもたらし、あらゆる現場で引用される研究がありすます。その一つが、マサチューセッツ工科大学のダニエル・キム氏の「成功の循環モデル」です。

この研究において、組織が継続的に成長して成果を出し続けることは、「関係の質」に深く根ざしていることが示されています。

図6－1のモデルによれば、この循環は「関係の質」から始まります。良好な関係性はよりよい思考を促し、それが質の高い行動に繋がり、最終的に優れた結果を生み出すというものです。

学術的な知見は、とかく机上の空論だと敬遠されがちで、キャッチーさゆえ本質が捉えられにくく、現場での実践知に生かされない側面もあります。しかし、この実践知に繋げるまでのギャップを自覚できれば、人類の知恵として力を発揮することもできるのです。

図6-1　成功の循環モデル

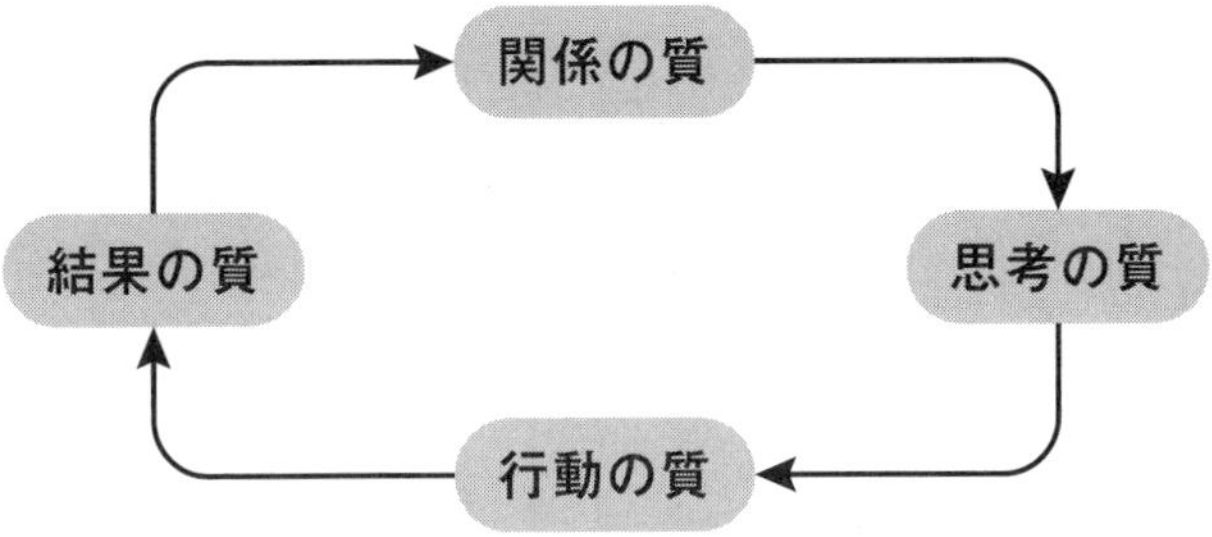

出典：ダニエル・キム

実際、私が見てきた企業から行政機関、ＮＰＯ、教育機関、医療機関に至るまで、いずれの組織も「関係の質」――つまりどんな価値観でどんな行動様式が奨励されるのかなどの組織文化が、あらゆるパフォーマンスの質を変えていました。

一方、たとえばある組織は、褒め合いを可視化して促進する仕組みがあっても、褒められることを競い合って見えない派閥をつくってしまう、逆に「褒められるべき成果やアクションをしないと」というプレッシャーをつくってしまう、という課題がありました。１on１面談を導入しても、信頼関係という目に見えないものが土台となるため、業務報告など自己開示の少ない話に終始してしまったり、誰が面談するかの属人性が高く、時間やコストを割いている割に組織としてその効果を十分に得られなかったり、「関係の質を直接的によくしよう」という施策が表面的であったり、ポイントを外すと、かえって逆効果になってしまうことが多々見受けられます。学術的フィールドから現場で取り上げられる知見の多くが、バズワードのように広がって表面的な施策を多く生み出してしまう、という悲劇は少なくありません。

どんなに有用な学術的な知見であっても、無自覚なメカニックビューで捉えていては、本来得られる効果を発揮できないのです。


そこで、関わるメンバーのものの見方のベースに無自覚なメカニックビューが蔓延していないかをチェックするだけでも、施策の質や関係の質自体が変わってきます。「正解があるものだ」「頑張れば結果がでる」といった非VUCAの機械論的世界観を持っていないか、「仕事はこう取り組むべきだ」など「○○すべき／○○せねば」といった概念を無自覚にベースにしていないか――それが信念にせよ思い込みにせよ、お互いに言語化し合い、尊重し合っていなければ、無自覚なジャッジメンタルを発してしまいます。

ちなみに、向上心が高くて腰も低い謙遜型の話しぶりなどには、注意が必要です。「私なんてまだまだ」といった言葉が発せられるときは、その謙虚さを褒められることが多く気づきづらいのですが、実はここにもジャッジメンタルが発動してしまいます。

脳は、誰に向けられた言葉かを区別することができません。それゆえ、こうした「自分なんてまだまだ」という言葉を側で聞いたメンバーの脳は、知らず知らずそれを自分に言われたことだと捉え、その人は、自分だけではなくあらゆるものに出来不出来のジャッジをする人だ、というジャッジメンタルなまなざしを受け取ったりします。

省エネモードから自家発電モードへと主体的にエネルギーを投じて変えていけると、短略的ではなく長期的包括的に、一方的ではなく多角的に、一般的ではなく具体的に、表面的ではなく本質的に、受動的ではなく能動的に、断片的ではなく統合的に、局所的ではなく全体的に、慣習的ではなく革新的に――といったように、さまざまな側面で、「思考の質」も高めることができるのです。

このように、脳マネジメントのレンズを通してみると、「関係の質」「思考の質」といった「測定しづらい領域」も、リアルに現場で扱うにはどうすればいいかが見えるようになります。

「成功の循環モデル」を例に解説してきましたが、それに限らず、「心理的安全性」や「両利き経営」など、「科学的に証明されている」という権威性をも活かしながら、新しい「これから」に向けた取り組みへのチャレンジが広まることは、今後も必然の潮流です。一方で、そのキーワードがひとり歩きしたり、表面的な理解のもとで表層的な取り組みに終わったりしたときに、現場に起こる疲弊感は無視できません。「やっぱり、変わらない」とあきらめたり、「自分たちには変えるチカラがない」と自分や組織の効力感が削がれたりといった展開の繰り返しから、違う道をつくっていかなければなりません。

そのときに、「科学的に」と聞くだけで正解を求めたり、頼りたくなったりする衝動が自動発動するかもしれませんが、それでもなお一つひとつの知見を実践に活かす知恵と勇気に変えるために、「脳マネジメント」という補助線を活用していくことが重要なのです。

2　領域の違う実践例や知見を、横展開（援用）できる

本書でも何度か触れた「ＳＸ、サステナビリティ、ＳＤＧｓへの取り組み」についても、

あらためて見直してみましょう。ＳＤＧｓはもはや社会の常識となりましたが、第５章で述べたように、「私たちはＳＤＧｓの○番のゴールに向けて取り組んでいます」とアピールしたり、カラーホイールのバッヂをつけたり、「持続可能な未来のために」という標語を掲げたりする企業が多く見られるようになりました。

いずれも、何もしないよりは「取り組んでいる」といえるかもしれませんが、自分事に捉えるには、遠い「社会」「未来」「持続可能性」といった用語を振りかざしても、かえって組織内外の人が他人事に思う種となってしまいます。「リサイクルを！」「脱プラスチック！」と声高に叫びながら、サプライチェーンやシステム全体を見直す機会を逸してしまうというのはわかりやすい例ですが、「ＳＤＧｓウォッシュ」と呼ばれるような、内容が伴わないアプローチに陥りかねません。

このように、よかれと思って取り組むことが表層的な理解と表面的なアプローチにとどまり、かえって望まない結果を引き起こしかねないという現場が、ここかしこに溢れています。

サステナビリティに内在する根本的な課題は、これまで非ＶＵＣＡの社会で非財務情報を扱う習わしがなく、氷山モデルの水面下にあるような社会や環境を認識する手立てをつくる技術が不足していること、そのために「部分最適」や「対症療法」しか取り組めないこと、などが挙げられます。結果、サプライチェーンの先やステークホルダー、将来的なシナリオ、システム全体などが見えず、近視眼的視座にとどまってしまっているのです。

まさに無自覚なメカニックビューでは難しい、長期的視野やシステム思考、事業性か社会性かをバーターのように扱うのではない、統合を生み出すクリエイティビティなどが必要で、このギャップが最大の課題といえます。

一方、これまでの「ＳＸ、サステナビリティ、ＳＤＧｓへの取り組み」を見渡すと、自覚的なホリスティックビューで取り組むにはどうすればいいかの視点は少なく、注目が集まった事例をこぞってまねるという前例主義が横行しています。しかし、これからの施策を学ぶ対象として、日本ほどによき先例が存在する国はないといっても過言ではありません。

実は、日本は世界でも有数の老舗企業を輩出してきた国であり、創業２００年以上の企業で見ると、世界の約５６００社のうち半数以上の約３１００社が日本に集中。それは世界中から注目を集めています。その背景には「三方よし」「六方よし」という日本人が長期的に備えてきた視座があるともいわれています。時代が変わっても、社会や顧客に対してどんな存在意義を企業の旗として掲げるか、社是や社訓にどんな目的を込めるかといった点に、脳マネジメントの補助線を使ってみましょう。すると、脳のメカニックビュー偏重を超えたホリスティックビューを導入する仕掛けを、日本人が共通して持っていることがわかります。

図６－２からは「サステナビリティ」という看板がついていなくとも、事業の持続可能性を支えるリアルな足跡があり、その自覚的ホリスティックビューに転換して実のあるサステナビリティを体現するためのエッセンスをたくさん学ぶことができます。脳マネジメントの視座は、意図を持って「ものの見方」を選べるため、具体から抽象、抽象から具体

と展開するのもサポートすることができます。よって、広く歴史や他業種などから、学びを得る姿勢が生まれるのです。

まったく別の角度からも、このサステナビリティに資する知恵を引き出すことが可能です。

図6－2の老舗企業が持つ「持続可能性を支えた5つの要素」にもあるように、ビジョンやパーパスはサステナビリティと深い関連があります。現に、「事業を推進すればするほど、社会へのよきインパクトが深まる」といった事業性と社会性との両立については、ソーシャルビジネスの解説によく使われます。

しかし、どんな組織も存在する社会に対して、どんな関わりやインパクトを持つかの視点は欠かせません。さらに、その事業性と社会性の両輪の交差点にこそ「その組織の社会的存在意義」であるパーパスが重なる、という構造になっています。

サステナビリティに取り組むのにパーパスが欠かせないという結びつきがある中で、いずれも「自分事」に捉えづらいという課題が大きな壁となっています。そのときに、主体性やエンゲージメントを引き出す原則を「エンタメ」から学ぶこともできます。

それをお話しする前に、あらためてパーパスにまつわる現状も見てみましょう。たとえば、「パーパス」の定義やその測定方法の違い、調査手法や対象企業の選定基準の違い、あるいは相関関係なのか因果関係なのか区別がついていないなどの課題があるとはいえ、明確なパーパスを中心に据えた企業は、そうでない企業に比べて利益率や成長率、変革の

図6-2　老舗企業の持続可能性を支える5つの要素

1　ビジョン／パーパス主義（理念ファースト）

100年を超える老舗企業の多くが、社訓や社是に理念を掲げている。その理念の言葉はとても重く、その理念（＝目的）のために事業（＝手段）がある、といった理念ファーストのアプローチをとっている

2　マルチステークホルダーケア（三方よし・六方よし）

顧客のみならず、仕入れ先やともに働く人々など、関わる方々まで視野を広げて大切にしている。ときに社員と家族のように繋がる人材育成論にも注目

3　危機（ピンチ）を機会（チャンス）に変える課題解決

事業が長らえるのと同時に、大きな社会変化・環境変化をくぐり抜けてきた事業にとって、これまでの形が通用しない「危機（ピンチ）」であっても、新しい知恵とチャレンジでそれを「機会（チャンス）」に変える考え方や取り組みで乗り越えてきた実績例が多く見られる。

4　環境／社会意識（周辺地域への貢献意識）

「企業が存在できるのは、その社会／自然環境があってこそ」と、周辺への貢献意識が高いという特徴がある

5　長期的視野と継承（Sustainability）

「家業を継承する」意識を含め、長期的視野に立った経営に重きを置いている。そのための家訓や家憲を定めている老舗企業も多く存在している

成功率などが高いという調査結果が近年目立っています。現に、いかに独自性と創造性を発揮しながら、関わる人の主体性を引き出し合いながらパーパスを設定できるかに取り組む組織は急増しています。

一方、主体性やエンゲージメントを大切にする目的の施策であるにもかかわらず、かえって逆の効果となる例も少なくありません。たとえば第5章で述べたように、「持続可能な未来／社会のために」という文言が入っているパーパスをよく見かけますが、こうしたパーパスは組織名を隠すと、その組織の内外問わず誰も見分けがつかないというケースが大半です。本質を摑むことなくパーパスを策定して掲げたところで、「これは私たちの旗印だ！」と当事者意識を持つことは、非常に難しいのです。

この課題を乗り越えるのに、「エンタメ」「映画業界」を発端にした「ショートムービー」「ブランデッド・ムービー（ショート）」という領域から受け取れる示唆には、とても興味深いものがあります。

ブランデッド・ムービーとは、２０００年後半から大手ブランドが活用し始めた、生活者にとっての価値と企業やブランド側からのメッセージを両立するコンテンツです。ＣＭが製品やサービスの直接的な宣伝や機能や利点の訴求をするのに対し、ブランデッド・ムービーはストーリー性を活かしてブランドの価値観や世界観を伝え、感情的な繫がりやエンゲージメントを構築するという違いがあります。

このブランデッド・ムービーの企画・制作にまつわるあらゆる手法に、組織のエンゲージメント向上のヒントが溢れているのですが、たとえばパーパスを策定するプロセスに活かせるヒントが、そのブランドの骨子となるストーリーを抽出する方法と重なります。

名前を伏せたらどの組織の旗印なのかわからないパーパスが乱立している問題も、そのプロセスに照らしてみると、メッセージが「未来」「これから」の時間軸に偏っているアンバランスさが、課題の一因となっています。

ストーリーの種を抽出するなら、その企業がいかに社会に価値を届けてきたか、「これまで」の軌跡をもとに企業をあるキャラクターと見立てる、というこれまで見逃されがちであった視点が浮き彫りになります。そのキャラクター（＝企業）「ならでは」のチャレンジとして「これから」社会に果たす役割や取り組みが、ストーリーとして立ち上がる——これを「パーパス・ストーリー」とするのが、ブランデッド・ムービーというアプローチです。

ポイントとなるのが、外部人材が綺麗な言葉で密室でまとめあげるのではなく、関係各所（ステークホルダー）を交えたメンバーが関わるプロセスをデザインしながら紡いでいくことです。エピソードを募集したり、シナリオ集に投票してもらったり、意思決定の厳密な手順ではなく「自分事に見える余地やきっかけ」をつくるプロセスが十二分に展開されていくことに価値があります。

これによって、生まれたストーリーをその存在「ならでは」の物語として共有でき、感動とともに深いエンゲージメントが紡がれます。社外に向けた「エクスターナルブランディング」と、社内メンバーに向けた「インターナルブランディング」を統合しながら育んでいくことができるともいえます。

図6-3　パーパスとストーリーの関係

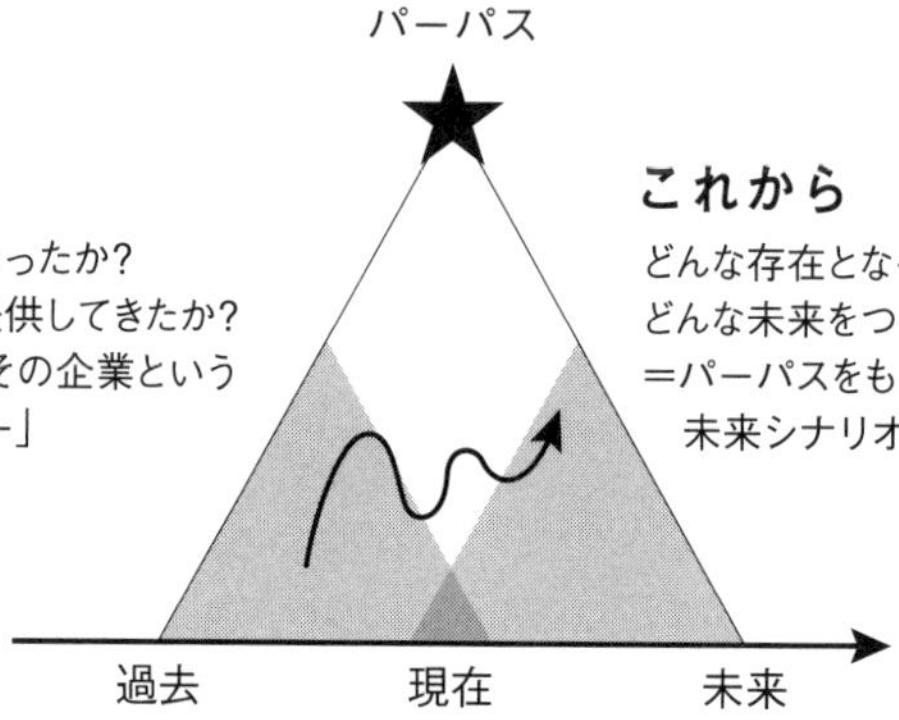

弊社は2021年から、「ブランデッドショート」と呼ばれるショートムービー制作をはじめ、社内外のエンゲージメントを高める施策を提供するFROGLOUD社とともにこのアプローチを探求し、心を掴むショートストーリーや映像でパーパスを表現する「ショートストーリー for サスティナビリティ」というサービスを開発しました。これも、脳マネジメントを通じたものの見方の転換や主体性を引き出すデザインについてのセオリーがあることで、異分野の統合ができた例だと自負しています。

＊

ここに挙げた例はごく限定的なものであり、著者の秋間が実際の探求の中で発見し、試行錯誤を重ねることができた事例にすぎません。しかし脳マネジメントによって、これまで測定しづらく水面下に追いやられていたあらゆ

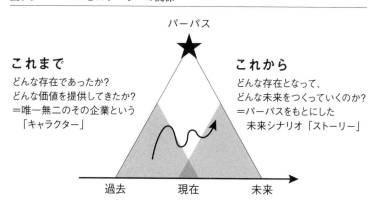

ることが、人間の理解、世界の理解として統合されるというダイナミクスさは、特筆すべき利点といえます。

異業種や異なる領域から学び合うという視座を自覚的に選んでいくことができれば、世界や歴史のここかしこに散在している知恵や経験が、より「これから」を共につくっていく現場で統合していくことになるでしょう。

3 自覚的にＶＵＣＡを扱う道具を開発できる

「メカニックビューは悪い、だからこれを脱却すればいい」というわけではないことは本書でたびたびお伝えしてきたことですが、ここでは「自覚的なメカニックビューとは何か？」について触れながら、それがなぜパラダイムシフトを加速させるのに繋がるのかを解説してみたいと思います。

そもそもＶＵＣＡな世界というのは、何らかの手掛かりがなければ暗中模索の状態で、無重力空間で泳ぐようなものです。従来の上下左右の感覚が通用せず、一見自由に思えますが、方向を見失うと途方にくれる可能性があります。

そのため、私たち人類は自覚的にＶＵＣＡを扱うために、「カテゴライズ」や「フレームワーク」といった道具を開発し、複雑性などを縮減したり、パターン認識や共通認識などを持てたりするように発展してきました。これらは、多様な私たちがチカラを合わせるための道具でもあります。

たとえば、先に紹介したサステナビリティの話題で切っても切り離せないのが見てみましょう。

「ＳＤＧｓ」です。これもフレームワークとして解剖できるので、その特徴と課題について

「世界」や「宇宙」は、あまりに複雑なシステムが動いていて、人間の認知能力を超えてしまうことは自明の事実です。そこで、ＳＤＧｓでは17の目標にカテゴライズして認知しやすいアイコンで表現しています。そのシンプルさと引き換えに、経済成長（目標8）と環境保護（目標13、14、15）の両立や、先進国と新興国の間の格差是正（目標10）など、異なる目標間や異なる時間軸の間で生じる矛盾や対立の解決策については、表面上省略しています。

そうやって、ＶＵＣＡ的な情報を非ＶＵＣＡなフレームワークに押し込めた弊害としてあるのが、このアイコンやイメージばかりが認知され、その背景に必要なシステム思考の重要性などは抜け落ちたままになってしまうことです。無自覚なメカニックビューの固定化を揺るがすためには、主体性を持って探求しながら、答えがすぐに出ないことにも耐えながら、新しい道筋を人類の知恵と創造性を総動員しなければならないという現実があるのです。

さらにＳＤＧｓの目指す、「誰ひとり取り残すことのない持続可能な未来」を目的に定め直し、あらゆる社会活動などの営みがそこに向かって変容し続けるためには、あらゆる指針でも道具でもなんでも駆使する必要があります。そのときにまた活用できるのが、フレームワークなのです。まさに自覚的なメカニックビューの活用でもあります。

たとえば、自分たちがこの世界にどんな影響をもたらしているのか、アナログな一本線を横に1本引くところから、サプライチェーンのような構造を可視化することができます。それを誰と、どんな形で協働しながら詳らかにしていくかなど、一手一手によって当事者意識や目に見えづらい要素を探求する姿勢などを喚起することができるのです。

深い人間理解によって業界全体の常識を変えたフレームワークの発明には、まだまだたくさんの事例や逸話があります。その中で、医師アトゥーン・ガワンデ氏の功績も紹介させてください。彼は、ミスの許されない医療現場に、複雑な事象を単純化するためにたった一つの道具「チェックリスト」でブレイクスルーを起こしたのです。これはWHOの試験に「手術安全チェックリスト」として公表され、ヒューマンエラーを大幅に軽減して世界中の医療の質を向上させました。

このように、大小、新旧さまざまなフレームワークや枠組みのおかげで、私たちは認知能力や省エネモードの限界を超えることができるのです。

個人における変革の加速

あらゆる研究や経験、現場がそれぞれ点で終わるのではなく、点が線に、線が面にとなっていく後押しができるかは、激動の時代にいる私たちにとって喫緊の課題です。時代がよりVUCAという前提であっても、互いの独自性と創造性を発揮し合う世界に向かう

図6-4　グロースマインドセットとフィックストマインドセット

	グロースマインドセット	フィックストマインドセット
挑戦	喜んで挑戦する	挑戦したくない
障害	乗り越えるまでやる	障害はどうにもならない
努力	努力なしには成長できない	努力は無駄になる
批評	他者の批評から学びを得る	自分への批評は聞きたくない
他者の成功	他者の成功に刺激を受ける	他人の成功は脅威である

パラダイムシフトを加速させる脳マネジメントの在り方について、最近のトレンドについても、脳マネジメントの視点から読み解いていきましょう。

●2つのマインドセット

個人のパフォーマンスで近年注目されているのが、スタンフォード大学の心理学教授であるキャロル・S・ドゥエック氏が提唱したマインドセット理論です。ドゥエック氏は、人々の能力や知性に対する信念が学習や成長にどのように影響するかを説いています。具体的には、「人の能力は、経験や努力によって向上できる」という考え方の「グロースマインドセット（Growth Mindset）」と、「人の能力は努力しても変わらない固定的なもの」と捉える「フィックストマインドセット（Fixed Mindset）」の2つを対比させ、いかに現代社会においてグロースマインドセットが重要かを指摘しています。

なぜなら、AIやロボティクスなど急速な技術変化に適応したり、グローバル化や気候変動などの複雑な課題に直面したりする中では、グロースマインドセットが持つ創造的思考や粘り強い問題解決、新しいアイデアの探求への姿勢が必要だからです。現に多くのグローバル企業でも、「グロースマインドセット」という用語が頻繁に使われています。

一方で、「フィックストマインドセットよりもグロースマインドセットに変わったほうが、パフォーマンスが高くなる」と認識されてはいても、どうしたら目に見えないマインドセットが変わるのか、何をどうすればいいかがわかる人は多くはありません。「マインドセット」は一般的に「物事に対する見方や考え方の枠組み」と定義されますが、この定義自体が抽象的で、さまざまな解釈の余地があるからです。

「意識」や「マインドセット」が重要と認識していても、具体的にはどうすればいいのか、まるでブラックボックスに手を突っ込むかのように、ロジックが飛び石的に存在しているというのが実情です。そこで、これらのマインドセットについて脳マネジメントのレンズを通して概観することで、このブラックボックスの「見える化」を試みたいと思います。

脳マネジメントの観点からすると、フィックストマインドセットとは「自分がいなくても誰かが代替できる」という機械論的世界観がベースにあり、省エネモードで無自覚なメカニックビューが働いている状態です。一方でグロースマインドセットは、脳がしなやかな状態であり、「変化するのが当たり前」「ＶＵＣＡは当たり前」と捉えることができる、目に見えないものを含めていろいろなものを臨機応変に活用していくことができる、自家発電モードへ転換している状態とも整理できるでしょう。

しかし、グロースマインドセットに切り替える領域で、解像度をより高める余地があります。なぜならば、自身の脳が省エネモードに引き戻されるパワーを踏まえて、脳マネジメントができれば、偶発的な切り替えではない、意図的なトレーニングができるからです。「自覚的なホリスティックビュー」といえるほど、解像度がより高い状態でマインドセットを扱うことができる可能性があるのです。ＯＳの転換という意味では、個人の脳マネジメントで紹介した3つのステップの中でも、どのような信念を持っているかの確認ができれば、グロースマインドセットも盤石なものになります。

●コーチングブームとSEL

対人支援の中での必須スキルとして挙げられる「コーチング」を例として見てみましょう。

コーチングとは、人の自発的な行動を促進したり、コミュニケーションや才能発揮のために「傾聴、質問、承認」といった技術を活用する手法で、最近ではこれを生業にする人も増えています。株式会社マーケティングフルサポートの調査によれば、日本ではコーチングの市場規模は２０１５年時には約50億円でしたが、２０１９年には約３００億円へと成長し、さらにアメリカではコーチング市場規模は日本の約50倍といわれています。

コーチングは、マネージャーのチームマネジメントの一環として効果的なフィードバックによる部下の育成のためにも、個人のキャリア開発のためにも活用されています。主にビジネス領域で使われますが、どんな領域のどんな対象に対しても、さまざまな目的に対応して対人支援として活用されている、汎用性の高い取り組みです。

これを氷山モデルで解説するならば、水面上にある観察可能な行動や言葉などをそのまま変えようとするのではなく、水面下の隠れた動機や信念、価値観、感情、過去の経験な

図6-5　コーチング・ファシリテーション・ティーチングの違い

アプローチ	焦点	目的	シーン
コーチング	事象に対して個人が何をできるかを考える	目標・目的の実現のための考えと行動の整理	キャリアプラン、ライフイベント、個人の成長・悩み
ファシリテーション	意見を出し合い、チームとしての結論を出す	チームとして目標・目的の達成	チームビルディング、プロジェクト管理
ティーチング	知識やスキルを伝達する	教育と知識の習得	学習と教育の場

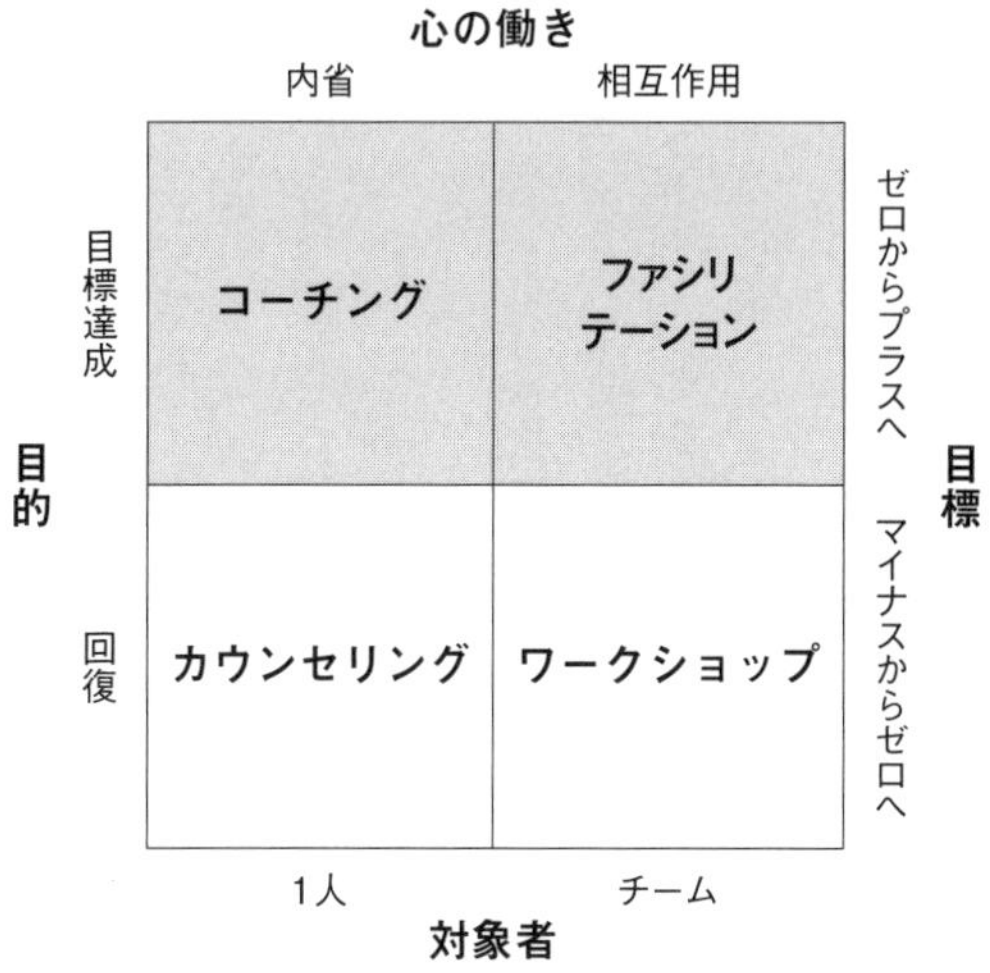

どを掘り上げて、働きかけ、言動のみならず結果を変えていくプロセスともいえます。

ここで、別の領域として「教育」での知見をご紹介しましょう。

最近、子育てや教育の分野で注目され始めているのが、「感情知能：Emotional Intelligence（以下、ＥＱ）」を育むプロセス「社会性と情動の学び：Social Emotional Learning（以下、ＳＥＬ）」です。これは人と関わるうえでよい関係性を構築するための能力（Social Skill）と、「ＥＱ」で表される自分や他者の気持ちの動きに気づき、うまく付き合える能力（Emotional Skill）を育む学び・教育アプローチです。

子どもや大人のＥＱを育み、実践するための体系的な方法論として、特に意欲、興味、自信、協調や心の動きなど、非認知能力・ＥＱと呼ばれる分野をいかに育むかをテーマにしています。

近年は「ＡＩ時代」とよくいわれますが、人間とＡＩの協働においてＥＱが人間の強みとなることを示す研究が増加しています（MIT Sloan, 2021）。よって、これからの教育においてＳＥＬは非常に重要視されており、シンガポールの国策や、今私が住んでいるカナダ・ＢＣ州の政策をはじめ、さまざまな地域・国の教育において中心に位置づけられているほどです。

これは、第2章の氷山モデルの話でもご紹介したように、これまでの教育は氷山モデルの上部にある従来の認知能力（ＩＱ）の範疇であるのに対し、これからの教育は水面下にある側面が非認知能力（ＥＱ）を扱っていくという大きな違いがあります。よって、水面下にあって「認識しづらく、測定（評価）しづらい」といった条件の領域、思いやりや学びに向かう姿勢、人間性などを、いかに育み可視化していくか、どんな具体的な施策があるのか、世界中の実践例がＳＥＬの旗のもとに集積しています。

この氷山モデルの構造をもとに、コーチングやＳＥＬのそれぞれの領域を行き来すると、興味深い洞察が得られます。

たとえば、水面下のＶＵＣＡ領域を測定評価するための施策として、ＳＥＬでは「ルーブリック」といった多項目で相対的に評価するシステムがフレームワークとしても強く、示唆に富んでいます。これに倣い、コーチングで扱っている水面下の主観的な状況を同様に可視化したり、コーチング前後の変化の可視化に活用できたりもするでしょう。

ほかにも、看板が違うからといって区分しすぎず、探究学習や非暴力コミュニケーション（ＮＶＣ）、アサーティブ・コミュニケーションなど、同様に水面下を扱おうとするアプローチを探求し、普遍的に重要なエッセンスの抽出や個々の独自性の発揮など、構造的類似性から横展開に援用する可能性が広がっているのです。いろいろな手法が分断されるのではなく、共通項や互いの補完可能性を見出していくと横連携がとりやすくなるのです。

いずれにしても、コーチ役、コーチされる人、教育において当事者となる子どもたちや周囲の大人たち、特に保護者や教員が脳マネジメントのレンズを獲得する重要性、そしてノンジャッジメンタルなどを率先して体現していく必然性が際立ってきています。見様見真似ではうまくいかなかった部分や、個別の現場に適用しようとしてうまくいかなかった部分は、脳の省エネモードと前のめりな自家発電モードの違いを明らかにする脳マネジメントによって、どうしたらいいかがより見えてくるでしょう。

無自覚なメカニックビュー、決めつけやジャッジメンタルをはらんだ声がけをすることで、子どもも大人もその可能性の芽が簡単に摘まれてしまいます。逆に、「あなたにも力があるはず」と信じるまなざしを向ければ、従来の姿からは信じられないほどに、才能を開花する事例もあります。

逆に、私がこれまで中学生・高校生の探究学習プログラム実施に携わり、2000人以上の子どもたちや生徒と出会う中でも、何度も悔しい思いで目撃してきた場面があります。それは、探究の名のもとであっても、教員側が生徒たちを黙らせ、座らせ、といった指示の中で無自覚なジャッジメンタルなものさしを少しでも振り回した途端、せっかく高まっていた主体性や興味関心の純度が、一瞬であっけなく濁る、という場面です。まるで、夢中という魔法が切れたかのようです。

異なる領域がいかに力を合わせるに値するかは、今後、ますます実践例が集まっていくでしょう。

氷山モデルでその内容を示されることの多くが、それを支えるものの見方を自覚的に転換する脳マネジメントによって、本質の抽出と実践的な落とし込みという両輪が回っていくのです。まだ見ぬ新領域が創発されていくのが楽しみです。

ここまで何度も取り上げてきた「氷山モデル」も、力強いフレームワークに違いありません。そもそもの脳の認知能力では扱い切れない水面下が、そのカテゴライズと言語化、構造化・図解化などを組み合わせることによって、瞬時に理解されるものに転換されるの

図6-6　感情を扱うフレームワーク

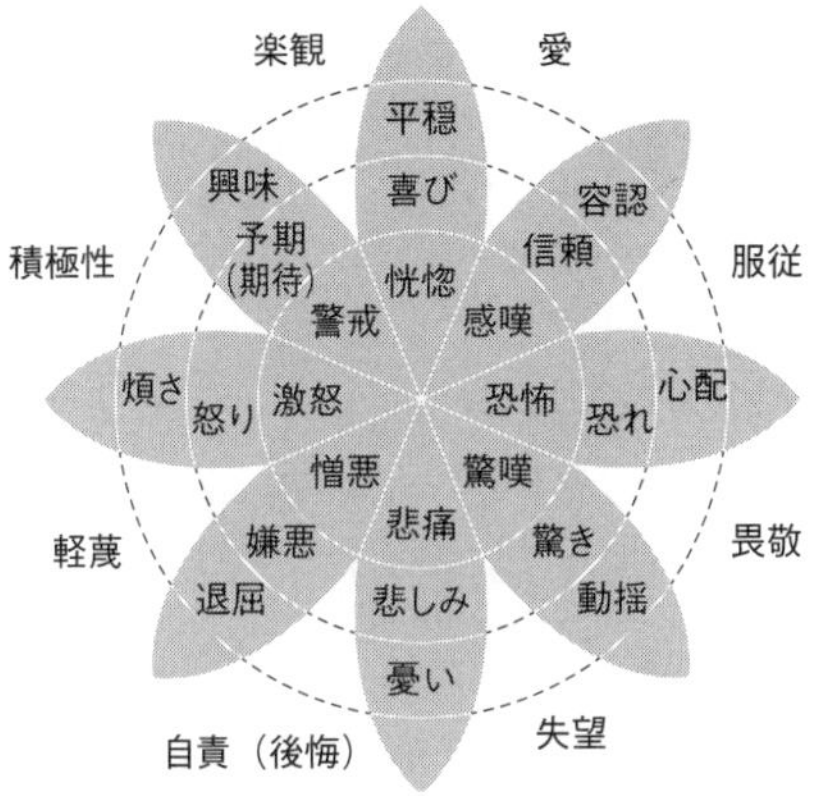

出典：ロバート・プルチック「感情の輪」

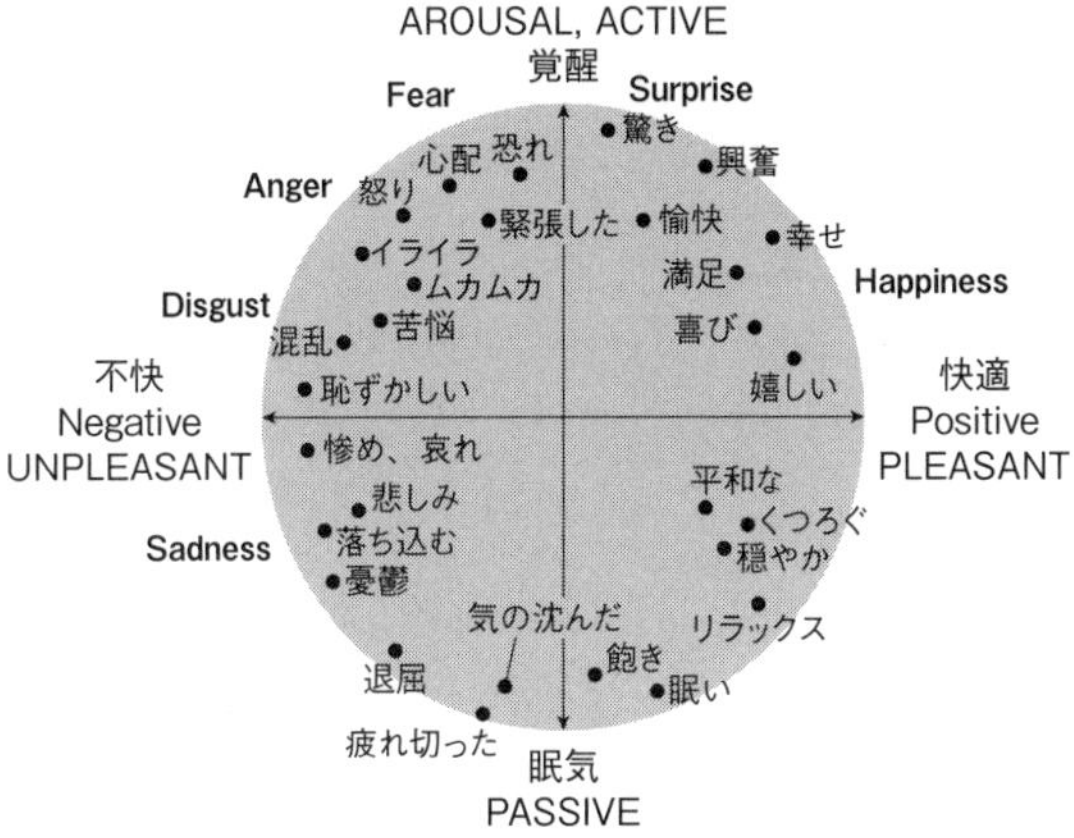

出典：ラッセル「感情円環モデル」

ですから。

さらに内省・自己理解の中で大切な項目である「感情」についても、取り扱いづらさが際立っていますが、それを可視化するためのフレームワークがあります。

いずれも感情というリアクションがどこからきているか、根本のニーズを理解するのに合致した表現で、多様な感情を構造化しています。第4章で紹介したような、個人のための脳マネジメント探求のプロセスにおいて、感情が起きた場面を掘り下げ、その感情がどんな深いニーズをもとに起きているのかを紐解き理解すること、受容することは、非常に重要です。よって、このようなツール（ほかにも氷山モデルを展開した「メンタルモデル」などがあります）を最大限活かしながら、ひとりではない、ほかの人やほかの領域と知見を重ねることで生まれる深みを味わっていきましょう。


ここで、この脳マネジメントが、あらゆる既存の取り組みや知見を繋げる媒体となっていることに、国境もないことを経験から強調させてください。

これまでアフリカやアジアなどの新興国での事業開発支援も、延べ20カ国以上で行ってきました。最初のプロジェクトから一貫して感じていることがあります。それは、相手を助けようという姿勢やまなざしは、相手の依存を生み、「力があるはずだ」と、それぞれの力を合わせようとしたときに、当事者意識ゆえのいい仕事ができたのです。さらに、東アフリカのエチオピアでの、JICA（独立行政法人国際協力機構）から委託されたあるプロジェクトが、脳マネジメントの普遍的な力を確信するきっかけとなりました。

それは、周辺各国に比べて、起業率や起業意識が低い同国において、起業支援チャットボットを開発するプロジェクトでした。起業にまつわる情報が散在しているので、一つのチャットボットにアクセスできれば、情報収集に困らないようになる、と言う趣旨のアイデアから端を発していました。しかし、実際には情報にアクセスできるかどうか、よりも、知識偏重型の教育、起業家精神を育む教育の機会の少なさ、などから、起業に必要なマインドセットを持ちづらいことの方が大きな課題と考え、脳マネジメントの視点からある機能を考案。それが現地でブレイクスルーとなりました。それは、チャットボットに情報を答えてもらうのではなく、問いがけをしてもらうことで、自己理解やターゲットや市場の検討について、能動的な自家発電モードに切り替えられる機能。さらに回答を、ビジネスリーンキャンパスといったフレームワーク上に配置して、メタ認知を促せる機能でした。

約10ヶ月間、と言う短期のプロジェクト期間であったにも関わらず、チャットボットの仕様検討から実装。各段階での実際のユーザーアンケート実施・反映から、ＰＲのためのショートムービー撮影から、ビジネスアイデアコンテストの主催。さらには同国の起業支援に携わる政府機関、民間機関、国際機関などを束ねた協働体制（コンソーシアム準備）の構築まで。一気通貫に現地でも評価の高いプロジェクトを敢行できたのは、チャットボット自体の仕様においても、異なる文化・領域との協働においても、互いの脳のモードを自覚的に扱う「脳マネジメント」をベースにしていたからです。

このプロジェクトは、エチオピア国の内戦・開発チームがいたウクライナでの紛争勃発とが重なり、ＪＩＣＡプロジェクトとしての継続は叶わなかったのですが、私たちの脳について自覚的なアプローチを施すことが、国や文化、立場を超えて有用性があることの一つの証左となりました。このプロジェクトは、この知見を分かち合いたい！と私個人が奮起するきっかけともなったのです。

＊

いかがでしょうか？　新しいキーワードを多用しながらの紹介で、聞きなれない話題もあったかもしれません。しかしながら、これからの時代を共に創っていく取り組みはすべて、バラバラであった点が線に、線が面に、と統合されるかのように、大きな流れとなるはずです。

これが、脳マネジメントが「できることがある」と知恵だけでなく、勇気づけとなっていくもうひとつの側面です。

VUCAを扱う技術は、これからの時代に必須のサバイバルスキル

さまざまな場面で脳マネジメントがあれば、新しいこれからの時代に向かっていく取り組みがどんどん繋がって、学び合い、統合されるでしょう。その勢いは加速して、私たちをよりそれぞれが「ならでは」の力を発揮し合い、イキイキと輝かせることに繋がること

を確信しています。

ここに挙げた以外にも、社会でよく聞かれる「共創」や「心理的安全性」、「新規事業開発」「オープンイノベーション」「越境学習」や「ダイバーシティ＆インクルージョン（D＆I）」など、脳マネジメントがあれば、より本質的に効果のある取り組みになっていく伸びしろは際限なく拡大、深化していくはずです。

なぜ、私がこれほどまでに確信を持って断言できるかというと、先に紹介した実践経験があるからではありません。これらのキーワードは総じて「目に見えないもの」「測定しづらいもの」「氷山モデルの水面下の領域」を扱うものだからです。脳が省エネを求める勢いに負けて、「目に見えるもの」「測定できるもの」「氷山モデルの水面上の領域」ばかりを扱うことも、脳マネジメントのレンズを知ることで卒業できるはずです。

見えにくい水面下のＶＵＣＡなことを扱える人や組織をつくっていくことが、これからの時代に何より重要です。

「共創は素晴らしいものだ」「もっとサステナブルな社会を目指そう」「事業性と社会性を繋げよう」「これからはダイバーシティが重要だ」――といったように、誰もがキーワードを掲げながら「いいこと」を声高に叫ぶのは、「このままの社会ではまずい」と感じている現れであり、目指していく方向性もすでにキーワードの中に示されていることが多いはずです。そこまで共通認識を持てたならば、あとは「それではいったい、具体的にどうすればいいのか？」という実践への橋渡しを、脳マネジメントは担うことができます。

ここであらためて、私たちの生きる世界はもともとVUCAであることを思い出してほしいと思います。

「正解があるわけではない」「将来は、本来予測できないもの」「優劣の問題ではない」ということを、脳の新たなクセとして根づかせてください。メカニックビューを脱却し、「どうせできない」という思考から、「これならできる」「こうしてみよう」などと、あるものを総動員しながらチャレンジしていく——これによってイノベーティブなことが起きるのです。

イノベーションとは、「ひと握りの天才による独創的なアイデア」ではありません。私たちの脳がメカニックビューでは、「実は見えていないもの」がたくさんあります。脳マネジメントによって「見えるもの」を増やし、きちんと扱うこと、そしてものの見方や解釈を変えることで、社会に変化をもたらす新たな価値を着想することができるのです。


自分の脳に手綱をつけて使いこなすことで、私たちは自分の意思や行動、未来のみならず、社会をも変えることができます。その意味では、脳マネジメントとはVUCAを生き抜くのに必須のサバイバルスキルといえるでしょう。

脳マネジメントによって得られる「脳を味方にして、独自性と創造性を発揮する技術」を、一人ひとりがこの本を通じて手にすること、その先で互いの歩みや知見、経験が掛け算となって、これからの時代を一緒に創っていくこと——それらが叶ったら、本望です。

おわりに

30年以上前、1991年の年始のこと。

山口県のある町で、夕食どきのテレビから流れてきた映像に打ちのめされていたのが、小学生の頃の私です。「爆撃される街」「油まみれの海」「埃と血だらけに運び出される、自分より小さい子ども」——湾岸戦争を伝えるニュースの数々に、私は自分でも理解できないほど胸がえぐられ、家族が不思議がって心配するほど、号泣し続けていました。

生まれてはじめてリアルタイムで目にする戦争の映像。そのいくつかのニュースの中には情報操作もあったことをあとで知りますが、地球の裏側で起きていることなのに、なぜか他人事に思えなかったのです。この理不尽な光景に対して「私には何もできない」という不甲斐なさと無力感に、ただただ押しつぶされそうでした。

振り返れば、それが私の特徴、「ならでは」のひとつでした。遠い場所で起きていることだから、違う文化の人々の話だから、まだ見ぬ未来のことだから——と、他人事として切り離すことができない。「自分ごと」にする範囲が大きすぎて手に余るとしても、前のめりになってしまう。

この特性は、時に極端な正義感や超絶なおせっかいとなって空回りもするし、周囲との熱量の違いから孤独感を感じることも少なくありませんでした。しかし、この「何とかしたい！」という衝動が、環境問題や貧困問題など、あきらめそうなほど大きな課題に向き合う原動力となり、「正解」や「解決策」があるのではないか？と、私は東京大学への道を選びました。

学生時代、生来の前のめりな勢いで様々な活動や体験を重ねる中で、大きな気づきを得ます。実は、そもそもこの世界には「正解」などないこと。そして、私たちは既にその問題と呼ぶものの一部であり、だからこそ自分が変わること自体が変化の一部となり得ること。誰もが、変化の担い手「チェンジ・エージェント」になれるということ。長年抱えてきた無力感を超えて、「何かできることがあるかもしれない」という希望が芽生えた経験でした。

その後、「サステナビリティ」という分断を超える可能性を秘めたテーマに出会い、国内外のチェンジエージェントが集うサミットを主宰。その時に直面した「これまで」と「これから」の分断を何とかしたいという思いが、今の「脳マネジメント」への道に繋がっています。

当時は理解されないことも多く、特に就職をせずに起業の道を選んだときには、存在の根拠のなさに私自身震える日もありました。正解のない、まさにＶＵＣＡを体感しながら生き抜く中で、「この道でよかったのか？」と底のない不安に苛《さいな》まれた日もあります。「自分ならでは」が裏目になって、他人のトラブルを自分が何とかしようとしすぎて倒れることもありました。

しかし、生活の一つひとつから立て直し、「できることがあるはずだ」と試行錯誤を繰り返し、あきらめずに歩んできた先に、誰もが持つ臓器「脳」を媒介に、違いを力にする「脳マネジメント」のアプローチを開発するに至りました。私自身のオーセンティシティ、「ならでは」の独自性、創造性が体現されたひとつの形ともいえます。

この「脳マネジメント」のおかげで、カチコチな人や組織をイキイキと蘇らせることができたり、アフリカのような遠い土地であっても、まなざし次第で新しい循環を生むことができたり、「これから」を共に創っていく仲間に出会えたり、さらに「自分の人生自体をこのままにしたくない」という人たちにも届けられるものが生まれたり……。日々、人本来の力を発揮しあう素晴らしさを分かち合うことができるようになりました。

とはいえ私自身、この本を書いている最中に、何度も「脳のクセ」「メカニックビュー」に襲われていたことも告白します。

「自分がこんなこと書いて意味があるのだろうか」
「こんな内容で本当に伝わるだろうか」
「私に語る資格はあるのだろうか」

この「脳マネジメント」を誰よりも探求してきた私ですら、こうして左右されるほど、よかれと働く脳のクセはパワフルなのだ、と思い知りました。実は、この「おわりに」の原稿すらも、書けない日々が長く続きました。まさに自分が説いたアプローチの原稿を読み直し、あらためて一つひとつ実践することで、ようやく入稿間際の今日、この文章を書いています(笑)。

この経験は、「この本で、力づけられる人がいるはず」と思い直すきっかけにもなりました。

＊

本書の中で、「これまで」と「これから」、非VUCAとVUCAの間《はざま》に生きる私たちの生きづらさを繰り返し述べてきました。しかし今、確信を持っていえることがあります。

この時代に生きる私たちだからこそ、共にできることがある。
これまでの歴史とこれからの未来をちゃんと繋げる。
分断を超えて、新しい響き合いを作る。
互いの「ならではの力」を発揮し合って、脳を味方にする術を分かち合う。
そんな自分たちの力を発揮して、次の世代の新しい当たり前として、遺していく。

「今」というこの時代に生まれ合わせた私たちだからこそ、このかけがえのないチャレンジに共に取り組めるときを迎えているのです。

その協働の道標として「脳マネジメント」を活かしていく――。この思いは、私の会社の名前「La torche(ラトルシェ)」にも込められています。フランス語で「松明《たいまつ》」を意味するこの言葉には、先の見えない暗闇を照らす灯火として、時間も空間も超えて繋がり、広がるバトンとして、そして何より、私たちを突き動かす力の源泉・オーセンティックパワーとしての「松明たれ」という願いが込められています。

本書もまた、そんな「松明」のひとつとなることを願っています。いまに続く、すべてのいのちのために。そして、この本を手に取ってくださったあなたにとっての勇気と希望の知恵となる「松明」にもなれたら、このうえない幸せです。

あなたが日々感じているその感覚——心が震える瞬間も、違和感に満ちたときも、力が湧かない日々も、すべては「あなたならではの力」が目覚めようとしているサインです。どんなに目を背けたくなる場面もその感情も、決して「邪魔なもの」でも「克服すべきもの」でもないはずです。それはあなた「ならでは」の視点、独自の感性、かけがえのない強みなのです。

一人ひとりが持つそんな「ならでは」の光が、互いを照らし、響き合い、高め合う。そんな化学反応が、教室や職場で、家庭や地域で、そして社会の中で、次々と生まれていく。この本との出会いが、そんな新しい物語の始まりとなることを祈っています。

最後に、私がこうして松明を掲げる今日までの道のりを創ってくれたすべての出会いと経験に感謝します。そして、いつもどんな私でも受け入れ、支えてくれる家族と仲間にも、心からの感謝を込めて。

２０２４年11月　秋間早苗

参考文献

『あなたの脳は変えられる 「やめられない！」の神経ループから抜け出す方法』ジャドソン・ブルワー（著）／ダイヤモンド社（2018年）
『アナタはなぜチェックリストを使わないのか？』アトゥール ガワンデ（著）／晋遊舎（2011年）
『insight（インサイト）――いまの自分を正しく知り、仕事と人生を劇的に変える自己認識の力』ターシャ・ユーリック（著）／英治出版（2019年）
『うまくいかない人間関係逆転の法則』松村亜里（著）／すばる舎（2024年）
『OODA LOOP（ウーダループ）』チェット リチャーズ（著）／東洋経済新報社（2019年）
『OPEN（オープン）「開く」ことができる人・組織・国家だけが生き残る』ヨハン・ノルベリ（著）／NewsPicks パブリッシング（2022年）
『学習する組織――システム思考で未来を創造する』ピーター M センゲ（著）／英治出版：第1版第10刷（2011年）
『世の中ががらりと変わって見える物理の本』カルロ ロヴェッリ（著）／河出書房新社（2015年）
『観察力の鍛え方 一流のクリエイターは世界をどう見ているのか』佐渡島庸平（著）／SBクリエイティブ（2021年）
『完訳 7つの習慣 人格主義の回復』スティーブン・R・コヴィー（著）／キングベアー出版（2013年）
『共感革命 社交する人類の進化と未来』山極壽一（著）／河出書房新社（2023年）
『世界標準のSEL教育のすすめ「切りひらく力」を育む親子習慣 学力だけで幸せになれるのか？』下向依梨（著）／小学館（2024年）
『困難な組織を動かす人はどこが違うのか？ POSITIVE LEADERSHIP』キム・キャメロン（著）／日本経済新聞出版：New版（2022年）
『Science Fictions あなたが知らない科学の真実』スチュアート・リッチー（著）／ダイヤモンド社（2024年）
『ザ・メンタルモデル 痛みの分離から統合へ向かう人の進化のテクノロジー』由佐美加子、天外伺朗（著）／内外出版社（2019年）
『時間は存在しない』カルロ・ロヴェッリ（著）／NHK出版（2019年）
『自分の「声」で書く技術――自己検閲をはずし、響く言葉を仲間と見つける』ピーター・エルボウ（著）／英治出版（2024年）
『出現する未来』P・センゲ、O・シャーマー、J・ジャウォースキー（著）／講談社（2006年）
『人工知能の哲学』松田雄馬（著）／東海大学出版会（2017年）
『すべては1人から始まる――ビッグアイデアに向かって人と組織が動き出す「ソース原理」の力』トム・ニクソン（著）／

英治出版(2022年)
『スタンフォードのストレスを力に変える教科書』ケリー・マクゴニガル(著)/大和書房(2015年)
『ずっとやりたかったことを、やりなさい。』ジュリア キャメロン(著)/サンマーク出版(2001年)
『セルフ・アウェアネス』ハーバード・ビジネス・レビュー編集部(編集)/ダイヤモンド社(2019年)
『だから僕たちは、組織を変えていける――やる気に満ちた「やさしいチーム」のつくりかた』斉藤 徹(著)/クロスメディア・パブリッシング(インプレス)(2021年)
『多様性の科学』マシュー・サイド(著)/ディスカヴァー・トゥエンティワン(2021年)
『チームが自然に生まれ変わる「らしさ」を極めるリーダーシップ』李 英俊、堀田 創(著)/ダイヤモンド社(2021年)
『CHANGE 組織はなぜ変われないのか』ジョン・P・コッター、バネッサ・アクタル、ガウラブ・グプタ(著)/ダイヤモンド社(2022年)
『Chatter(チャッター) 「頭の中のひとりごと」をコントロールし、最良の行動を導くための26の方法』イーサン・クロス(著)/東洋経済新報社(2022年)
『直感と論理をつなぐ思考法 VISION DRIVEN』佐宗邦威(著)/ダイヤモンド社(2019年)
『強みの育て方「24の性格」診断であなたの人生を取り戻す』ライアン・ニーミック博士、ロバート・マクグラス博士(著)/WAVE出版(2021年)
『問いのデザイン 創造的対話のファシリテーション』安斎勇樹、塩瀬隆之(著)/学芸出版社(2020年)
『なぜ人と組織は変われないのか――ハーバード流 自己変革の理論と実践』ロバート・キーガン、リサ・ラスコウ・レイヒー(著)/英治出版(2013年)
『21世紀の教育 子どもの社会的能力とEQを伸ばす3つの焦点』ダニエル・ゴールマン、ピーター・センゲ(著)/ダイヤモンド社(2022年)
『脳は世界をどう見ているのか 知能の謎を解く「1000の脳」理論』ジェフ・ホーキンス(著)/早川書房(2022年)
『HAPPY STRESS(ハッピーストレス) ストレスがあなたの脳を進化させる』青砥瑞人(著)/SBクリエイティブ(2021年)
『BREATH 呼吸の科学』ジェームズ・ネスター(著)/早川書房(2022年)
『プロセスエコノミー あなたの物語が価値になる』尾原和啓(著)/幻冬舎(2021年)
『Mine! 私たちを支配する「所有」のルール』マイケル・ヘラー、ジェームズ・ザルツマン(著)/早川書房(2024年)
『予測脳 Placebo Effect 最新科学が教える期待効果の力』カリン・イエンセン(著)/日経BP(2023年)
『「わかりあえない」を越える――目の前のつながりから、共に未来をつくるコミュニケーション・NVC』マーシャル・B・ローゼンバーグ(著)/海士の風(2021年)

［著者略歴］
秋間早苗（あきま・さなえ）
株式会社La torche（ラトルシェ）代表取締役
2005年、東京大学農学部卒業。在学中よりサステナビリティや国際協力に関心を持ち、2007年に国際学生サミットを主宰。前例も正解もない、ゼロからプロジェクトを立ち上げる経験を通じて、自身の創造力を最大限に発揮できる領域を見出し、2008年に同大学大学院国際協力学専攻を修了後、起業の道を選ぶ。産官学連携プロジェクトや多分野にわたる事業開発をリードしながら、事業性と社会性の融合、マルチステークホルダーの共創関係構築に取り組む。
2017年、結婚と出産を経て株式会社La torcheを設立。これまでの経験と領域横断的な知見を基に、独自のアプローチ「脳マネジメント」を打ち立て、個人や組織がその「存在ならでは」の価値を最大限引き出すための支援を行っている。国内外の現場で培った人間理解に基づき、持続可能な未来を志向した人材育成と組織づくりを目指し、積極的に発信を続けている。
カナダ・バンクーバー在住。2児の母。

脳《のう》を味方《みかた》につけて独自性《どくじせい》と創造性《そうぞうせい》を発揮《はっき》する技術《ぎじゅつ》
脳《のう》マネジメント

2024年12月8日　初版発行

著　者　　秋間早苗

発行者　　小早川幸一郎

発　行　　株式会社クロスメディア・パブリッシング
〒151-0051 東京都渋谷区千駄ヶ谷4-20-3 東栄神宮外苑ビル
https://www.cm-publishing.co.jp
◎本の内容に関するお問い合わせ先：TEL（03）5413-3140／FAX（03）5413-3141

発　売　　株式会社インプレス
〒101-0051 東京都千代田区神田神保町一丁目105番地
◎乱丁本・落丁本などのお問い合わせ先：FAX（03）6837-5023
service@impress.co.jp
※古書店で購入されたものについてはお取り替えできません

印刷・製本　　株式会社シナノ

　ISBN978-4-295-41039-3　C2034